"十四五" 国家重点出版物出版规划项目

现代职业教育发展国别研究丛书

总 主 编 米 靖
副总主编 赵文平 孙翠香

国家出版基金项目
NATIONAL PUBLICATION FOUNDATION

U0732813

新加坡
职业教育研究

郑 佳 著

外语教学与研究出版社
FOREIGN LANGUAGE TEACHING AND RESEARCH PRESS
北京 BEIJING

图书在版编目 (CIP) 数据

新加坡职业教育研究 / 郑佳著. —— 北京 ：外语教学与研究出版社，2024.9
（现代职业教育发展国别研究丛书 / 米靖总主编）
ISBN 978-7-5213-5273-3

Ⅰ. ①新… Ⅱ. ①郑… Ⅲ. ①职业教育－研究－新加坡 Ⅳ. ①G719.339

中国国家版本馆 CIP 数据核字 (2024) 第 106507 号

新加坡职业教育研究
XINJIAPO ZHIYE JIAOYU YANJIU

出 版 人	王 芳
项目负责	李淑静
责任编辑	李 辉
责任校对	牛贵华
封面设计	范晔文 彩奇风
出版发行	外语教学与研究出版社
社 址	北京市西三环北路 19 号（100089）
网 址	https://www.fltrp.com
印 刷	北京捷迅佳彩印刷有限公司
开 本	710×1000 1/16
印 张	12
字 数	175 千字
版 次	2024 年 9 月第 1 版
印 次	2024 年 9 月第 1 次印刷
书 号	ISBN 978-7-5213-5273-3
定 价	52.00 元

如有图书采购需求，图书内容或印刷装订等问题，侵权、盗版书籍等线索，请拨打以下电话或关注官方服务号：
客服电话：400 898 7008
官方服务号：微信搜索并关注公众号"外研社官方服务号"
外研社购书网址：https://fltrp.tmall.com

物料号：352730001

记载人类文明
沟通世界文化
www.fltrp.com

总序

当前，世界处于百年未有之大变局，经济全球化发展的巨变进一步推动全球治理体系的变革。职业教育作为一种与社会经济发展密切相关的活动，既能助力社会经济发展，也会受社会经济发展新态势的影响而不断转型变革。经济全球化使人才市场趋向国际化，世界性的人才供给市场正在形成，作为人才供给端的职业教育正在形成全球治理的新格局。世界职业教育发展进入一种"共生、共享"的新格局。职业教育对外交流合作的水平和程度成为一国职业教育能否高质量发展的重要标志，在坚持和扩大教育对外开放政策和"一带一路"倡议指引下，中国职业教育对外交流合作呈蓬勃发展之势。打造中国特色职业教育品牌，融入全球职业教育治理新格局，亟须加强职业教育国别研究。

2022年，教育部在天津举办首届世界职业技术教育发展大会，以"互学互鉴、共商共享"为理念，促进职业教育的国际交流与合作。大会作为促进职业教育国际交流与合作的新平台，作为推动我国同世界互学互鉴、交流分享职业教育发展的重大活动，其可持续性影响力的传播有赖于对大会成果进行持续的研究、转化和推广。因此，出版一套"现代职业教育发展国别研究丛书"非常必要，对于扩大大会的影响力，推动大会成果落实落地，增强中国职业教育的国际话语权，提升我国同世界职教的对话能力具有重要价值。

基于上述考虑，天津职业技术师范大学职业教育学院团队牵头，组织校内外相关人员组成的编写团队进行多次研讨论证，统一编写理念，凝聚编写思路，全力打造了本套"现代职业教育发展国别研究丛书"，旨在共享他国职业教育治理模式。本丛书主要围绕"一带一路"共建国家及其他相关国家和区域的职业教育发展历程及现状，策划了《英国职业教育研究》

《德国职业教育研究》《泰国职业教育研究》《瑞士职业教育研究》《葡萄牙职业教育研究》《印度职业教育研究》《柬埔寨职业教育研究》《巴基斯坦职业教育研究》《南非职业教育研究》《印度尼西亚职业教育研究》《埃塞俄比亚职业教育研究》《新加坡职业教育研究》《埃及、摩洛哥职业教育研究》《俄罗斯、塔吉克斯坦、哈萨克斯坦、乌兹别克斯坦职业教育研究》《西非四国（尼日利亚、科特迪瓦、加纳、马里）职业教育研究》15本著作。各书主要围绕各国概况（包括该国的历史、政治、经济、社会、人口、产业、劳动力市场发展情况等）、教育体系、职业教育和培训体系、职业教育治理机制（包括职业教育立法体系、职业教育管理机构和机制、经费支持、职业教育政策发展、国家资格框架等）、职业教育教师培养及培训、职业教育机构教学模式与方法、职业教育国际交流与合作等方面的内容进行撰写。

本丛书的总体编写思路如下：一是突出各国职业教育发展的特色，对各国职业教育的研究求同存异，既找出其共性的普遍发展规律，也彰显出各国的独特性；二是挖掘各国职业教育背后的社会经济、文化传统、制度体系等因素，跳出职业教育来审视职业教育，克服就职业教育而谈职业教育的状况，将职业教育放在国家整体发展的格局中来审视，分析各国职业教育背后相关因素的作用；三是揭示各国职业教育发展的内在规律，分析各国职业教育发展情况的根本意义在于为全球贡献可供借鉴推广的一般性内在规律，促进全球职业教育的共进发展。

为高质量打造本丛书，我们组织了一支优秀的团队，以天津职业技术师范大学的青年教师为主，同时协同了校外和境外的专家学者，他们拥有深厚的职业教育研究功底，具有较为丰富的国际职业教育研修经历，很好地保障了丛书的撰写质量。丛书撰写的过程中，我们多次召开研讨会，在编写思路、写作规范和成文风格等方面互相碰撞，不断打磨，形成了统一的范式，也绽放了各自的个性，在规范化和个性化之间保持了张力。

本丛书的出版得到了外语教学与研究出版社的大力支持，外语教学与研究出版社面向国际，近年来特别关注职业教育领域的选题和项目，以积极开放的态度服务中国职业教育对外交流合作。在此，特别感谢外语教学与研究出版社的策划及编辑团队，相信本丛书在外语教学与研究出版社出版，必将更加大放异彩。

我们坚信，在中国职业教育对外合作交流的大格局中，"现代职业教育发展国别研究丛书"将成为理解世界各国职业教育发展现状的桥梁和彰显我国综合国力、文化软实力的载体，为构筑"人类命运共同体"贡献独特的力量。

"现代职业教育发展国别研究丛书"编写组

2022 年 7 月

前言

　　2020年，我国明确提出要"坚持教育对外开放不动摇，主动加强同世界各国的互鉴、互容、互通"，职业教育作为一种教育类型也应加强与世界各国的交流与合作。目前，我国已经建成全世界规模最大的职业教育体系，职业教育进入了高质量发展阶段。职业教育的发展既受到国内政治经济文化等因素的影响，同时还受到世界其他国家和地区职业教育发展的影响。因此，我国职业教育在高质量发展的过程中，既要符合我国职业教育发展的规律，又要吸收和借鉴全球经验，还要传播我国职业教育的智慧，为我国社会的进步和世界社会的发展做出更大贡献。

　　研究、学习其他国家的职业教育，有助于我们准确把握世界职业教育发展的趋势，在国际交流与合作过程中占据更加主动的地位。新加坡作为东南亚地区"一带一路"共建国家，虽然其经济总量、自然资源、人口规模都不占优势，但其先进的职业教育、高度发达的社会环境都有一定的借鉴意义。尤其是新加坡作为一个以华人为主体的国家，与我国在历史上有着紧密且广泛的联系，我们更应加强对其职业教育的研究。

　　新加坡的职业教育发展可以用飞速来描述，其职业教育的形式历经了各种不同的阶段，有殖民者的职业教育，有外邦友邻的职业教育，还有自主发展的职业教育。在国家经历危难之时，职业教育担负了新加坡技能人才培养的重任。

　　第一章是对新加坡的历史、政治、经济、人口和教育体系的概述。新加坡地处马来半岛，是一个与我国有着紧密联系的国家。新加坡社会以华人为主体，华人占总人口的七成以上，经济上属于外贸驱动型，目前已经步入了发达国家行列。新加坡的学校教育制度包括小学、中学、中学后和大学四个阶段，学前教育不在学制体系内。新加坡教育管理制度实行的是中央集权制，新加坡教育部是其最高教育行政机构，不下设地方教育行政机构。但新加坡的大学在2006年获得了自治权，具有独立的法人资格。新加坡学前教育采取自愿入学的方式，主要有托育中心和幼儿园两种类型；小学一般是6年制，属于义务教育；中学一般是4—6年制，学生根据学习能力与兴趣选择学习不同的课程；中学后一般指的是大学预科的初级学院、职业教育中的工艺教育学院和理工学院；新加坡目前有6所公立大学，负责学位教育。

第二章对新加坡职业教育的历史进行了整体描绘。新加坡的职业教育在被英国殖民统治时期处于萌芽阶段，自殖民政府在1929年建立了第一所官办职业院校后，新加坡的职业教育进入初创期。当新加坡地方政府在1959年获得自治权后，自治政府也就拥有了教育权，新加坡职业教育由此走上了自主探索的阶段。1965年新加坡获得完全独立后，其职业教育步入了形成阶段。

第三章分析了新加坡职业教育发展过程中的总体政策与战略规划。新加坡在国家学制体系内实行双语教育政策，即以英语作为教学语言、以其他语言作为课程语言开展教学。职业教育领域还实行"职普分流"的政策，学生从小学五年级开始到中学毕业需要经历三次分流。实施中等职业教育的工艺教育学院在提升中等职业教育地位的过程中先后实施了2000战略计划、突破战略计划、创优战略计划、创新战略计划和开拓者战略计划。而高等职业教育领域则强调在全人教育理念下用课程辅导活动来培养学生的综合能力。

第四章聚焦新加坡中等职业教育的办学现状。本章对工艺教育学院的人才培养制度、管理制度进行了分析，详细解析了"一制三院"制度下工艺教育学院中区、东区和西区三个院区下设学院的职业教育办学情况。

第五章围绕新加坡高等职业教育五所院校的办学现状进行分析。本章主要对新加坡理工学院、义安理工学院、淡马锡理工学院、南洋理工学院、共和理工学院的整体情况、入学资格或入学渠道、专业设置与课程体系等进行了详细的介绍与分析。

第六章对新加坡职业教育的独创模式"教学工厂"进行详细解读。"教学工厂"既是一种理念，又是一种教学与学习方法综合的职业教育模式，本章对其运行过程中政府、学校、企业、教师和学生的主体性行为进行了总结分析，同时总结了"教学工厂"实施过程中的双轨制教学模式、轮岗制教师专业发展制度和多样化的学生职业准备制度的特点。

第七章聚焦新加坡职业教育国际化。新加坡职业教育国际化是在新加坡经济高速发展、全球化战略、独特地缘结构和多元文化环境的背景下发展的，历经了萌芽期、自我初创期、探索期、成熟期和转型期五个阶段。在国际化过程中，新加坡还重视区域国际化，面向国际市场实施国际化办学理念的战略行动，形成了紧跟国家产业发展需求、跨国企业积极参与、中西文化融合的特征。

新加坡虽然人口少、国土面积小，但却是科技强国、经济强国，究其原因，职业教育在其中发挥了重要的人才支撑作用。在新加坡历史上，职业教育也曾被社会轻视，职业教育院校也曾面临招不到学生、"招到却逃跑"和辍学率高等问题。但是，经过新加坡政府的正确引导和职业教育机构的宣传推广，新加坡民众逐步改变了"职业教育毕业生只能从事低端劳动"的错误认知，开始逐渐接受职业教育。

2022 年新修订的《中华人民共和国职业教育法》强调，"职业教育是与普通教育具有同等重要地位的教育类型"。不可否认，职业教育是现代产业发展的重要支撑，也是国家提升国际竞争力的技能人才基础。希望通过对新加坡职业教育快速崛起之分析，为我国职教同仁提供些许思考，并为我国职业教育发展贡献绵薄之力。

本书力求描绘新加坡职业教育的全景画像，但限于笔者之能力，其中可能有诸多疏漏抑或瑕疵，还请诸君批评指正。

郑佳

2024 年 5 月于天津职业技术师范大学

图目

表目

缩略语

AHLEI	American Hotel & Lodging Educational Institute 美国饭店协会教育学院
AI	Artifical Intelligence 人工智能
CBSEN	Certificate in Bridging Studies for Enrolled Nurses 登记护士衔接研究资格证
CCAPS	Co-Curricular Activities Points System 课程辅导活动积分系统
CCC	Common Core Curriculum 公共核心课程
CCG	Chinese Cultural Group 华人文化团
CET	Continuing Education and Training 继续教育和培训
CPD	Continuing Professional Development 专业继续教育
DAE	Direct Admissions Exercise 直接入学招生考核
FSI	French-Singapore Institute 法国 – 新加坡学院
GCE	General Certificate of Education 普通教育证书
GCE A-Level	Singapore-Cambridge General Certificate of Education Advanced Level 新加坡剑桥普通教育 A 水准
GCE N(A)-Level	Singapore-Cambridge General Certificate of Education Normal (Academic) Level 新加坡剑桥普通教育 N（A）水准考试
GCE N(T)-Level	Singapore-Cambridge General Certificate of Education Normal (Technology) Level 新加坡剑桥普通教育 N（T）水准考试
GCE O-Level	Singapore-Cambridge General Certificate of Education Ordinary Level 新加坡剑桥普通教育 O 水准考试
GSI	German-Singapore Institute 德国 – 新加坡学院
GSM	General Studies Modules 通识教育模块

IB	International Baccalaureate Diploma 国际大学预科文凭
IGCSE	International General Certificate of Secondary Education 国际普通中等教育证书
ISCED	International Standard Classification of Education《国际教育标准分类法》
ITE	Institute of Technical Education 工艺教育学院
JAE	Joint Admissions Exercise 国家联合招生考核
JAE-PIN	JAE Personal Identification Number 国家联合招生考核个人识别号
JPAE	Joint Polytechnic Admissions Exercise 理工学院联合招生考核
JSIST	Japan-Singapore Institute of Software Technology 日本-新加坡软件技术学院
NATC	Ngee Ann Technology College 义安技术学院
NIE	National Institute of Education 国立教育学院
Nitec	National ITE Certificate 国家工艺教育学院证书
Higher Nitec	Higher National ITE Certificate 国家工艺教育学院高级证书
NP	Ngee Ann Polytechnic 义安理工学院
NTI	Nanyang Technological Institute 南洋理工学院
NTU	Nanyang Technological University 南洋理工大学
NUS	National University of Singapore 新加坡国立大学
NYP	Nanyang Polytechnic 南洋理工学院
NYP-PCM	NYP Professional Competency Model 南洋理工学院专业能力模型
OIF	Overseas Internship Fund 海外实习基金
OSIP	Overseas Student Internship Program 学生海外实习项目
PFP	Polytechnic Foundation Programme 理工学院预科项目
PLP	Personalized Learning Pathway 个性化学习渠道
Poly EAE	Polytechnic Early Admissions Exercise 理工学院早期入学考核
PrepEng	Preparatory English Language Programne 英语语言预备课程
PrepMath	Preparatory Mathematics Programme 数学预备课程

PSLE	Primary School Leaving Examination 小学毕业离校考试
PGTC	Phillips-Government Training Center 飞利浦政府联合培训中心
RP	Republic Polytechnic 共和理工学院
SAS	Security Association Singapore 新加坡安全协会
SEP	Strategic Economic Plan 经济战略规划
SFIVET	The Swiss Federal Institute of Vocational Education and Training 瑞士联邦职业教育和培训学院
SIM	Singapore Institute of Management 新加坡管理学院
SIT	Singapore Institute of Technology 新加坡理工大学
SMU	Singapore Management University 新加坡管理大学
SP	Singapore Polytechnic 新加坡理工学院
SP CASE	Singapore Polytechnic Course Application Service & Enquiry 新加坡理工学院专业申请服务与问询系统
SPM	Sijil Pelajaran Malaysia 马来西亚教育文凭
STR	Smith Travel Research 史密斯旅游研究所
SUSS	Singapore University of Social Sciences 新加坡社科大学（原名新跃社科大学）
SUTD	Singapore University of Technology and Design 新加坡科技设计大学
SVI	Singapore Vocational Institute 新加坡职业学院
TED	Technical Education Department 技术教育司
TGTC	TaTa-Government Training Center 塔塔政府联合培训中心
TP	Temasek Polytechnic 淡马锡理工学院
UEC	Unified Examination Certificate 统一考试文凭
UNDP	United Nations Development Programme 联合国开发计划署
Uni SIM	SIM University 新跃大学

目录

第一章
新加坡教育体系

　　新加坡全称为新加坡共和国（Republic of Singapore），又称星岛、星洲，旧称新嘉坡，古称淡马锡，是东南亚地区的一个岛国，总面积 735.6 平方公里（截至 2024 年 6 月）。[①]

　　新加坡的教育治理坚持中央集权制，这与新加坡的国情息息相关。新加坡是一个城市型的国家，人口规模较小，农业基础极为薄弱，绝大部分的人从事第二、第三产业，所以人们生活的地区主要集中在城市。为了便于管理，加之规模限制，新加坡教育部对全国的教育进行统筹管理。实际上，在新加坡的发展过程中，政府一直将发展教育作为国家发展的基本方针，奉行教育立国的理念，不断地提升教育质量，以满足经济发展的需要，双语教育、融合教育等都是其主要的教育特征。新加坡还采用了多次分流的教育制度，让学生可以根据自己的兴趣、学业成就综合判断自己未来的发展方向。职业教育在新加坡的发展一直伴随着经济产业发展而不断革新，办学的主体主要是公办职业院校。随着独立后经济的快速发展，新加坡建立了自己独特的教育体系，目前其职业教育主要分为中等职业教育与高等职业教育两个阶段。

---

① 资料来源于新加坡统计局网站。

第一节　新加坡概况

一、历史

　　历史上有关新加坡的最早记载是在公元 3 世纪。在古代，航海事业随着世界各文明的相互交往而发展，不断有来自中国、印度、欧洲等国家或地区的贸易船只途经马六甲海峡，使得现在的新加坡地区慢慢发展起来，并开始有人将新加坡称为淡马锡（Temasek），意为围绕大海而建立的一座城市。到了公元 13 世纪，受马来亚王国文化和神话传说的影响，又有人将这里称为新加坡拉（Singa Pula），这在马来语中意为狮子城。14 世纪后，新加坡先后受到爪哇、暹罗等王国的侵略，原来生机勃勃的港口被破坏殆尽，人口规模急剧缩减。18 世纪，新加坡又成为柔佛王国的一部分。

　　1819 年，英国人史丹福·莱佛士抵达新加坡，与柔佛苏丹订立契约，开始在新加坡设立贸易站。1824 年，新加坡沦为英国殖民地，自此由原来的小渔村逐步发展成为英国在远东地区重要的商埠和在东南亚地区的主要军事基地。1942—1945 年日本占领新加坡，将新加坡更名为"昭南特别市"。1945 年日本战败，英国重返新加坡继续实施殖民统治。1959 年新加坡成为英国的一个自治邦，获得了自治地位，李光耀成为首任总理。1963 年新加坡脱离英国，与马来亚（Malaya）、沙巴（Sabah）、沙捞越（Sarawak）共同组成马来西亚联邦。1965 年，新加坡脱离马来西亚联邦独立建国，自此成为一个独立、自主的主权国家。同年，新加坡加入联合国、英联邦。

二、政治体制 [①]

　　新加坡实行议会共和制，总统是国家元首，任期 6 年。总统和议会共

[①] 资料来源于中华人民共和国外交部网站。

同行使立法权，总统有权否决政府财政预算和公共部门职位的任命，有权调查贪污案件，但是总统在行使主要公务员任命等职权时必须先征求总统顾问理事会的意见。国家设立国会，实行一院制，总统委任议会多数党领袖为总理。

新加坡还设立了最高法院和总检察署作为国家的司法机构。目前新加坡已注册的政党有 30 多个，包括现在的执政党人民行动党（The People's Action Party）和反对党工人党（The Worker's Party）等。人民行动党自 1959 年至今一直长期执政，政绩突出，地位稳固。

三、经济结构与形势 [①]

新加坡位于马来半岛的南端，地处太平洋与印度洋之间马六甲海峡的出入口，由新加坡岛及周围的 63 个小岛组成。北隔柔佛海峡与马来西亚相邻，南隔新加坡海峡与印度尼西亚相望。虽然新加坡的自然资源匮乏，但航运交通地位却十分重要，是世界最大燃油供应港口和第二大货运港口。

新加坡经济属于外贸驱动型经济。借助特殊的地理位置与优良的天然深水港，新加坡发展成为世界航运的重要转口港，并在此基础上大力发展了本国的电子、化工、炼油、精密机械等工业，以及金融服务、零售与批发贸易、商业服务、旅游等服务业产业。新加坡目前已经步入发达国家的行列，虽然 2020 年受新型冠状病毒感染疫情的影响经济衰退 5.8%，但 2021 年经济实现强劲反弹，同比增长 7.6%。2022 年，新加坡国内生产总值为 6 435 亿新元，人均国内生产总值为 11.4 万新元。

四、人口结构与现状

截至 2022 年，新加坡总人口约 564 万人，其中新加坡公民与永久居民约 407 万人，人口密度为每平方公里 7 688 人。截至 2022 年 6 月，新

---

① 资料来源于中华人民共和国外交部网站。

加坡的居民总人口中华人 ① 占 74.1%、马来人占 13.6%、印度人占 9.0%、其他族群占 3.3%。② 可见，新加坡是一个以华人为主体的多元移民国家。

新加坡独立前，各个种族多是聚族而居，互相之间来往较少，甚至在经济、文化等方面存在着严重的矛盾。因此独立后，新加坡政府便大力推行种族平等政策，推动种族间的和平共处。在语言上，确定马来语为国语，华语、马来语、泰米尔语、英语为官方语言，体现了政府对不同种族一视同仁。新加坡的华人主要来自中国的福建、广东，也有一些来自马来西亚，其所使用的方言也是我国的福建话、潮汕话和粤语等。一些来自其他地区的华人移民也以原有方言为主要的交流方式。

第二节　新加坡学校教育体系

一、基本的学校制度

新加坡的教育制度深受英国的影响，在各级各类学校教育制度中都有英国教育制度的影子。新加坡现行的学校教育体系如图 1.1 所示。

从图 1.1 可以看出，新加坡的学校教育主要分为四个阶段：第一个阶段是小学教育阶段，第二个阶段是中学教育阶段，第三个阶段是中学后教育阶段，第四个阶段为高等教育阶段。③ 由于学前教育、成人教育与培训没有纳入新加坡现行的学校教育体系，因此在图 1.1 中没有体现。

---

① 在新加坡，华人有时也被称为华族，语言也有华语、华文、中文等不同的称呼，这些语言名称都与我国"汉语"一词的概念基本是一致的。
② 资料来源于新加坡统计局网站。
③ 实际上新加坡的官方将高等教育列入中学后的教育阶段，但为了与国际教育标准统一，同时为了便于分析，本书中将新加坡高等教育阶段单独列出。

```
                    ┌──────────────────────────────────────────────────────────┐
                    │                         就业                              │
                    └──────────────────────────────────────────────────────────┘
                      ↑        ↑              ↑            ↑              ↑      ↑
                                                    ┌──────────────┐
                                                    │     大学     │
                                                    └──────────────┘
                                                          ↑
                    ┌──────────┐ ┌──────────┐ ┌──────────┐ ┌──────────────────────┐
                    │ 学徒制训练│ │工艺教育学院│ │ 理工学院 │ │新加坡剑桥普通教育       │
                    └──────────┘ └──────────┘ └──────────┘ │A 水准考试            │
                                                            └──────────────────────┘
                                                            ┌──────────────────────┐
                                                            │     初级学院          │
                                                            └──────────────────────┘
```

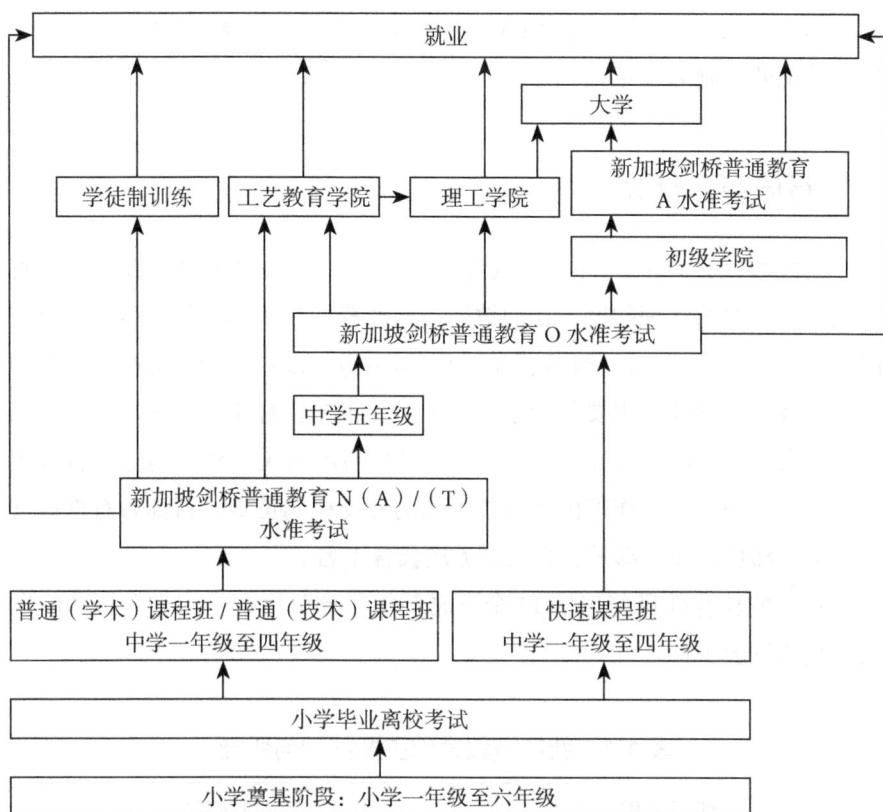

图 1.1 新加坡现行的学校教育体系
资料来源：新加坡教育部网站。

学前教育是面向小学前的儿童开设的，一般招收 7 岁以下的婴幼儿。小学学制一般是 6 年，主要为儿童提供平等的教育机会。中学学制一般是 4—5 年，个别学校有学制 6 年的特殊阶段教育，中学阶段不做初级中学与高级中学的区别，常常直接用"中学"来指代开展中等教育的学校。中学后的教育较为复杂，包括工艺教育学院（Institute of Technical Education，ITE）、初级学院（Junior College）等不同的教育机构，一般工艺教育学院学制是 2—3 年，初级学院学制是 2 年。高等教育阶段的主要机构有大学和理工学院①（Polytechnics），大学的本科生教育学制一般为

––––––––––––––

① 因为理工学院的特殊性，本书此后将把工艺教育学院、理工学院作为中学后的职业教育机构进行分析与研究。

4年、硕士研究生教育学制为 1.5—2 年、博士研究生教育学制为 3—8 年，理工学院的学制为 3 年。

二、行政管理体系

新加坡在独立后一直奉行教育立国的理念，因此在教育管理上一直强调中央集权的管理制度。新加坡最高的教育行政机构为教育部，负责全国教育体系、课程、教学和政策的制定与实施，领导和管理受国家经费资助的各级各类学校，主要包括小学、中学、工艺教育学院、理工学院和综合性的大学。[①] 新加坡只设中央一级的教育行政机关，没有地方教育行政部门，所有的教育工作都由教育部下属的分支机构负责。目前教育部设部长、第二部长、政务部长、高级政务次长各 1 名。

新加坡教育部目前包括 17 个下属部门，分工负责全国教育事业的发展，具体见表 1.1。

表 1.1　新加坡教育部主要部门与职能

部门名称	主要职能
新加坡教师学院（Academy of Singapore Teachers）	为教师提供专业发展服务
联络和社会参与部（Communications and Engagement Group）	开展与社会其他机构、部门的联络工作，为职业教育发展提供外部政策与资源
课程计划和发展局（Curriculum Planning and Development Division）	制定、规划国家的课程内容
课程政策办公室（Curriculum Policy Office）	审查课程实施情况，制定课程政策
教育技术局（Educational Technology Division）	促进现代技术在教育领域的应用
财政经费管理局（Finance and Procurement Division）	负责学校与教育部门的财政管理与监督

---

① 新加坡的大学在 2006 年获得自治权后，很多事务不再由教育部进行统一管理。

部门名称	主要职能
高等教育部（Higher Education Group）	监督全国高等教育的发展与实施情况
人力资源部（Human Resource Group）	制定人才吸引政策，促进个人职业发展
信息科技局（Information Technology Division）	建设信息技术系统，提供基础设施与信息技术的服务，推动教育数字化转型
基础设施及服务局（Infrastructure and Facility Services Division）	为教育事业提供基础设施的建设，推动基础设施的安全运行
内部审计科（Internal Audit Branch）	审计教育部内各部门的财政政策与执行情况
计划局（Planning Division）	制定国家教育发展的计划，准确把握世界教育发展的方向
研究和管理信息局（Research and Management Information Division）	制定数据管理的战略规划，开发数据管理系统并提供技术服务
学校局（Schools Division）	监督学校发展，不断提升学校的领导力与管理能力
特殊教育需求局（Special Educational Needs Division）	为有特殊需要的学生提供专业化的服务，协调学校等教育机构提供特殊教育服务
学生发展课程局（Student Development Curriculum Division）	帮助学生发展课程之外的认知、情感、体能和审美的教育
学生就业和服务局（Student Placement and Services Division）	负责学校奖学金的分配事宜，为学生提供优质的课程资源

注：资料整理自新加坡教育部网站。

　　表 1.1 中的各部门分别负责各自领域的工作，统一接受教育部的领导。虽然新加坡的学校是公立与私立并行，但学校教育的主体依然是公立学校，私立学校较少。高等教育前的小学、中学以及中学后的公立学校的人事管理权都归属于教育部。不过新加坡的大学取得了自治权，所以高校具有独立人事管理权。

第三节　新加坡基础教育

实际上，每个国家对于基础教育的界定都不尽一致。一般来说，国际上对于基础教育的界定是包括初等教育与中等教育两个教育阶段的。新加坡的学前教育虽然没有纳入国家的学校教育体系，但为了对新加坡教育制度有一个更加系统、连续的认识，我们这里也将学前教育纳入新加坡的基础教育阶段来进行介绍。

一、学前教育制度

新加坡的学前教育机构按照机构性质可以分为公立学前教育机构和私立学前教育机构两种，按照其提供的服务内容可以分为托育中心和幼儿园两种。其中，托育中心最初是为了满足家庭的幼儿监护需要而设立的，目前一般招收 18 个月以上、6 岁以下的幼儿；幼儿园最初是为了给儿童提供教育服务而设置的，目前招收的主要是 4—6 岁的儿童。

2013 年之前，托育中心由社会和家庭发展部按照 1988 年颁布的《幼儿中心法》进行管理，而幼儿园则是由教育部按照 1958 年颁布的《教育法》进行管理。2013 年，新加坡成立了幼儿培育署，负责学前教育服务与管理工作，并颁布了《幼儿发展中心法案》，实施统一管理。随着社会发展，托育中心与幼儿园目前都按照新加坡政府的统一教育目标开展教育活动。除了以上两类机构之外，新加坡还有一类面向 2—18 个月婴幼儿的婴儿托育中心，该中心一般是用来帮助父母缓解育儿压力的，并不会承担过多的实际教育工作。

二、小学教育制度

新加坡的小学教育也可以称为初等教育，学制通常为 6 年，属于义务教育阶段，学生一般是在 6 岁时入学。新加坡在初等教育阶段的目标就是帮助学生发现自己的特长，激发自己的潜力，培养学生终身学习的理念，使其在平等的教育环境中认识到自己对于家庭、社会和国家的重要意义与责任。

（一）小学教育的主要内容

为了应对新时期国际社会的发展变化，新加坡在 2014 年提出了 21 世纪能力框架，主要用于指导新加坡基础教育阶段学生的教育教学工作。这个能力框架主要包括四个领域。

第一个领域是核心价值观，主要指的是个人的品性，包括尊重、责任、关爱、诚信、毅力等方面，这是一个人成长过程中必须要遵循的核心价值观，也是学校教育最基本的目标。

第二个领域是社会与情感能力，主要指的是个人参与社会活动过程中的原则与理念，包括自我意识、社会意识、个人健康发展意识、社会责任感、情绪管理、解决困难的方法和关爱他人等内容。此领域的主要目的是培养能够独立参与社会活动，为他人、社会发展贡献个人智慧并与他人和谐相处的人。

第三个领域是社会发展过程中的新素养、新技能，包括全球意识与胜任力、跨文化交际能力、批判性思维、创新意识和信息数字技能等具体技能。这个领域的主要目的是帮助学生在未来社会生活中处于有利地位，有效提高新加坡公民的国际竞争力。

第四个领域是个人理想信念方面的要求，主要包括热爱祖国、积极奉献、充满自信、终身学习的要求，目的是帮助个人能在未来逐渐发展更为完满的人格。

（二）小学的考试制度

新加坡在小学实行的是 4+2 的制度，即前四年为奠基阶段，所有学生学习共同的知识，四年级结束时会有一次学校组织的考试，教师会根据学生考试成绩以及自己对学生的认知，向家长提供学生后面两年的科目选择建议，而家长则根据教师的建议和学生兴趣等因素对学生小学后面两年的科目进行选择。也就是说，小学阶段最后两年是根据学生的能力与兴趣实行科目编班制度。在五年级结束时学校还会组织考试，以便帮助学生再次调整自己的科目选择。在小学六年级结束时，学生会根据自己五、六年级所选择的科目情况参加全国统一的小学毕业离校考试（Primary School Leaving Examination，PSLE）。

具体的科目编班制度是学校根据课程难度给课程分组（见表1.2），学生一般会根据自身情况从低等难度和中等难度课程中选择 4 个科目来学习，这些科目可以自由组合；而在四年级考试中表现优异的学生可以增加一门高等难度课程——高级母语，也就是可以学习 5 门课程。

表1.2　新加坡小学高年级课程分组

课程难度	课程名称
高等难度	高级母语
中等难度	（1）普通英语；（2）普通母语；（3）普通数学；（4）普通科学
低等难度	（1）基础英语；（2）基础母语；（3）基础数学；（4）基础科学

为了帮助学生在小学阶段顺利学习，学校会提供针对不同学生的差异化辅导培训，例如为学业成绩靠后的学生提供支援计划，为成绩较为突出的学生提供资优计划。

（三）小学的课程结构

新加坡小学阶段的课程内容主要分为三个方面，第一是学术性课程，第二是知识技能课程，第三是生活技能课程。

1. 学术性课程

学术性课程是小学生的基础课程，包括语言课程、人文课程、数理课程和艺术课程等。其中，语言课程的内容是英语与母语，人文课程的内容是社会通识知识，数理课程的内容是数学与科学，艺术课程的内容是美术与音乐。科学课程在小学三年级时开始设置，属于为学生拓展的科目。

2. 知识技能课程

知识技能课程主要以主题的形式让学生完成作品或者任务来实现课程的学习，一般不会被纳入学生的正式考试成绩体系。这类课程主要是学生通过个人或者小组合作的形式来完成教师布置的任务，从而锻炼语言表达能力、团队合作能力、知识运用能力和自主学习能力。此类课程根据学校的不同情况开设的内容也不尽一致，凸显了各学校办学特色。

3. 生活技能课程

生活技能课程包括品格与公民教育（Character and Citizenship Education）、体育（Physical Education）、艺体陶冶计划（Programme for Active Learning）和课程辅导活动（Co-Curricular Activities）等。[①]

品格与公民教育主要是使品格与公民教育思想贯穿在母语课程和教师的活动中，培养学生正确的价值观，促进学生个人心理健康发展。体育就是通过户外或者室内的体育运动提升学生体能，促进学生健康发展。艺体陶冶计划主要是通过室内课程与室外活动相结合的多样化形式激发学生兴趣和好奇心。课程辅导活动是国家统一教育的要求，目的是继续提升学生的体质体能、审美水平和社会道德等。

三、中学教育制度

（一）中学的考试制度

新加坡的中学是分班教学的，学校会根据小学毕业离校考试的成绩，把学生分入快速课程班、普通（学术）课程班、普通（技术）课程班。成绩最好的学生进入快速课程班，次之的进入普通（学术）课程班，其余则进入普通（技术）课程班。从数据上来看，大部分的学生会进入快速课程班。

---

① 马东影，卓泽林. 新加坡教育研究［M］. 南宁：广西教育出版社，2023：107.

快速课程班的学生会在中学四年级时参加新加坡剑桥普通教育 O 水准考试（Singapore-Cambridge General Certificate of Education Ordinary Level，GCE O-Level）。通过 O 水准考试的学生可以直接申请新加坡的理工学院或欧美国家的大学预科继续学业。因此，参加 O 水准考试是新加坡学生在中学毕业后直接进入大学学习的重要途径。

普通（学术）课程班的学生会在中学四年级时参加新加坡剑桥普通教育 N（A）水准考试〔Singapore-Cambridge General Certificate of Education Normal (Academic) Level，GCE N(A)-Level〕，通过考试后可以进入职业院校继续学业，或者直接进入劳动力市场就业。如果学生的考试成绩优异，还可以继续在学校学习一年的时间，在第五年结束时再参加新加坡剑桥普通教育 O 水准考试。

普通（技术）课程班的学生则会在中学四年级时参加新加坡剑桥普通教育 N（T）水准考试〔Singapore-Cambridge General Certificate of Education Normal (Technology) Level，GCE N(T)-Level〕，通过考试后可以直接进入职业院校继续学习或者继续在中学学习。

新加坡中学生无论通过哪种考试，都有进一步读书或者工作的机会，学生可以根据自己通过的考试来选择申请的学校级别或者工作岗位。

（二）中学的课程结构

中学的课程主要包括生活技能课程、知识技能课程、学术科目课程、人文与艺术课程①，旨在培养学生在未来生活中必备的知识与能力，使学生成长为合格、负责任的公民。

1. 生活技能课程

生活技能课程主要围绕学生参与社会活动、个人未来职业生涯发展等内容而设置，包括课程辅导活动，这与小学阶段的生活技能课程目的是一致的，就是要促进来自不同家庭背景的学生互相交流、团结协作，使他们

---

① 资料来源于新加坡教育部网站。

可以为自己的未来发展做好准备，增进他们之间的信任、认同感与归属感。公民教育也是此类课程中的重要组成部分，主要是基于个人身份认知、人际关系建设和人际关系选择三个方面的内容开展课程教学工作。

除此之外还有体育、职业指导教育、网络健康、心理健康等与学生现实生活息息相关的教育活动课程。总之，学校希望通过生活技能课程来帮助学生正确认识自己与社会、国家的关系，并可以正确处理这些关系，为未来的职业生涯与个人生活做好基本的知识与技能准备。

2. 知识技能课程

知识技能课程的主要形式是主题作业，让学生在完成作业的过程中锻炼知识的运用能力，把所学知识运用到实际工作中。主题作业主要包括书面报告撰写、口头报告汇报、小组活动设计与讨论等形式。在这个过程中，教师也会围绕学生的报告展开即时的问答，来检测学生的应变能力。

3. 学术科目课程

学术科目课程主要是语言、数学和科学等课程。新加坡的中学会提供多语种的课程教学，例如在大部分中学，除了被统一要求开设的英语与母语课程外，还会有印尼语、阿拉伯语、德语、法语、日语和西班牙语等外语课程，形成了丰富的外语课程体系。数学被划分为高低年级不同级别的课程。而科学也被划分为多种具体课程，例如高级物理、综合科学、食品与营养学、家政等。

4. 人文与艺术课程

人文与艺术课程包括地理、历史、英文文学、音乐和综合人文等课程，目的是拓展学生的文化适应能力，让学生在未来可以适应各种文化背景下的生活与工作环境，提高自己的社会竞争力。

以上课程体系为新加坡的中学生提供了丰富的学习资源。新加坡的中学实行课程选修制度，学生在完成了基本的课程要求之后可以根据自己的兴趣自由选择其他课程。此外，学生会根据自己所选择的课程参加一些资格考试，因此不同的课程选择会让学生走上不同的发展道路。

同时，新加坡一些中学还为学生提供了 5 年或 6 年的延续性课程教学活动，参加这种课程的学生主要是学业成绩较为优异、有继续攻读大学意愿的学生。他们完成 5 年或 6 年的学习后，可以直接参加新加坡剑桥普通教育 A 水准（Singapore-Cambridge General Certificate of Education Advanced Level，GCE A-Level）考试，通过考试后可以直接申请新加坡或英联邦的大学继续学业。

第四节　新加坡中学后教育

按照新加坡官方的数据，新加坡的中学后教育实际上包括了极为广泛的教育阶段与内容，例如新加坡的大学、工艺教育学院、理工学院、初级学院、艺术学院、体育学院，以及一些政府附属教育机构（Government-affiliated educational institutes）开展的学历教育、文凭教育和资格培训教育等。[①]

本书中将中学后的教育界定在中学与高等学位教育之间的阶段，主要原因如下。首先，中学后教育在《国际教育标准分类法》（International Standard Classification of Education，ISCED）中属于第四级教育。《国际教育标准分类法》将中学后教育定义为介于中学与高等教育之间的非学历教育，按照此种分类方法有助于将新加坡的中学后教育同世界其他地区的教育做对比分析。其次，为了保证对新加坡学校教育制度介绍的连续性，这种划分方式可以将新加坡的整体教育概况以一个连续的形式清晰地展示出来。最后，新加坡中学后教育涉及的工艺教育学院、理工学院等教育机构确实在不同阶段有着不同的入学要求与标准，在事实上与中学、大学等机构的入校、毕业要求不同，呈现出了自身特有的阶段特征。

基于以上的原因，本书将工艺教育学院、理工学院两种职业教育机构归入中学后教育阶段，而初级学院、艺术学院、体育学院和政府附属教育

---

① 资料来源于新加坡教育部网站。

机构等教育机构的影响力与规模都非常有限，故不对其进行分析介绍。

除了以上的中学后教育机构，新加坡还存在一些较为特殊的私立学校，他们有的属于中学教育，有的属于高等职业教育。这些学校的出现主要是为了满足不同学生多元化发展的需求，例如新加坡国立大学的附属中学就提供各种专业教育活动，属于职业教育，而其毕业生在获得了学校的文凭后可以直接申请就读新加坡国立大学的本科。

一、工艺教育学院

工艺教育学院是新加坡中等职业教育的主体，一般招收中学毕业生，通过了新加坡剑桥普通教育 N 水准或者 O 水准考试的学生都可以申请入学。工艺教育学院的学制一般是 2—3 年，根据学生学习的专业和年限，学生毕业后可以获得工艺教育学院颁发的国家工艺教育学院证书（National ITE Certificate，Nitec）或者国家工艺教育学院高级证书（Higher National ITE Certificate，Higher Nitec）。[①]

取得 Nitec 的学生可以直接进入职场就业，也可以在工艺教育学院再学习一年而获得 Higher Nitec。而取得 Higher Nitec 的学生可以直接进入职场就业，也可以申请进入更高级别的理工学院继续学习。除了学生的全日制教育活动之外，工艺教育学院还面向成人、企业员工开展职业教育培训活动，并为他们颁发相应的文凭与资格证书。

二、理工学院

新加坡目前主要有新加坡理工学院（Singapore Polytechnic，SP）、义安理工学院（Ngee Ann Polytechnic，NP）、淡马锡理工学院（Temasek Polytechnic，TP）、南洋理工学院（Nanyang Polytechnic，NYP）、共和理工学院（Republic Polytechnic，RP）5 所理工学院，属于职业教育的高等阶段，或者说属于高等职业教育，学制一般是 3 年。与工艺教育学院一样，理工学院除了提

---

① 资料来源于新加坡工艺教育学院官网。

供全日制的文凭教育之外，还面向社会提供职业教育培训活动。每个理工学院的入学申请条件各有特点，但基本要求大致相同，即通过了新加坡剑桥普通教育 O 水准考试，或者获得了 Higher Nitec。理工学院的毕业生可以申请大学的学位教育，也可以直接进入职场工作，其中艺术设计专业的学生还可以申请进入艺术学院继续学习。

第五节　新加坡高等教育

新加坡的高等教育机构主要包括大学、艺术学院和国家教育学院，依据办学主体可以分为公立和私立两类，但是私立大学没有资格颁发学位。公立大学都是自治大学（autonomous university），即大学具有独立法人资格。这主要是为了给大学放权，具有自治权的大学可以负责自己的日常事务，无须教育部审核批准。进入公立大学学习的学生一般需要获得新加坡剑桥普通教育 A 水准证书，或者在理工学院、初级学院等机构获得了同等水平的证书。

一、高等教育机构

新加坡目前负责提供高等教育的机构主要是 6 所公立的自治大学，分别是新加坡国立大学（National University of Singapore，NUS）、南洋理工大学（Nanyang Technological University，NTU）、新加坡管理大学（Singapore Management University，SMU）、新加坡科技设计大学（Singapore University of Technology and Design，SUTD）、新加坡理工大学（Singapore Institute of Technology，SIT）和新加坡社科大学（Singapore University of Social Sciences，SUSS）。[①] 所有大学均使用英语作为教学语言开展教学工作。

---

① 资料来源于新加坡教育部网站。

（一）研究型大学

在 6 所公立大学中，新加坡国立大学与南洋理工大学建校最早，且都是研究型大学，也是新加坡高等教育机构的代表。

1. 新加坡国立大学

新加坡国立大学正式成立于 1980 年，由曾经的新加坡大学与南洋大学合并而来，其前身可以追溯到 1905 年成立的爱德华七世医学院。新加坡国立大学最初是按照英国的高等教育制度建设发展的，后来为顺应全球化的发展，于 1995 年进行了大刀阔斧的改革，由原来的单一教学功能向具有科研与社会服务功能的方向发展。新加坡国立大学在 2006 年成为一所自治大学，自此开始走上更加快速的发展道路，建立了许多卓越的研究中心，开启了发展的新时代。

2. 南洋理工大学

南洋理工大学成立于 1991 年，其前身可以追溯到南洋大学。在 1980 年新加坡大学与南洋大学合并组建为新加坡国立大学后，新加坡政府于 1981 年在南洋大学原址上复建了南洋理工学院[①]（Nanyang Technological Institute，NTI），南洋理工学院又于 1991 年与国立教育学院（National Institute of Education，NIE）再次合并，组建为南洋理工大学。1996 年，原南洋大学的校友名录转入南洋理工大学，所以现在南洋理工大学的简称也保持了原来南洋大学的称呼，即 "南大"。与新加坡国立大学一样，南洋理工大学也在 2006 年成为自治大学。南洋理工大学继承了原南洋理工学院培养工程师的办学目标，为新加坡乃至世界培养了大批优秀的工程领域人才。

[①] 这所南洋理工学院复建时的主要目标就是要为新加坡培养超过四分之三的工程师。但这所南洋理工学院在南洋理工大学成立后就成了历史，它与创建于 1992 年的那所开展职业教育的南洋理工学院（NYP）不是同一所学校。

（二）应用型大学

新加坡另外 4 所大学创建的主要目的是为新加坡培养更多能够适应全球竞争的具备更高水平的应用型人才，这 4 所大学也都开展学位教育活动，且都是自治大学。

1. 新加坡管理大学

新加坡管理大学成立于 2000 年，是继新加坡国立大学与南洋理工大学之后成立的第三所大学。这所学校在建立之初就仿照美国的高校模式开展教学活动，主要聚焦商业与管理学科领域的人才培养工作。该大学主要的学科有管理、经济、社会科学和信息系统管理等，在成立后的短时间内就发展成为亚洲一流的商科类大学，培养了大批高级管理人才。这所大学以小班化研讨式的授课方式广受学生喜爱并闻名于外。

2. 新加坡科技设计大学

新加坡科技设计大学成立于 2009 年，也是按照美国的高校模式建立的一所新式大学。由于该校创校校长来自麻省理工学院，因此该校与麻省理工学院有着诸多方面的深度合作，甚至在建校之初，该校教职工都由麻省理工学院代为招聘，而且所有的授课教师都需在麻省理工学院参与为期 1 年的培训活动后才可以进入新加坡科技设计大学开展教学工作。该校的第一批学生于 2012 年正式入学，目前开设有建筑学与可持续性设计、设计与人工智能、工业产品开发、工程系统与设计、信息系统科技与设计等专业。

3. 新加坡理工大学

新加坡理工大学正式创立于 2009 年，成立之初主要是为了满足理工学院毕业生继续升学的需求。该校于 2014 年成为新加坡第五所公立自治大学[①]，开始了学位教育。2017 年该校第一届本科生毕业，2020 年开始了硕士研究生与博士研究生的人才培养工作。该校目前主要有商务、传播和

———————
① 资料来源于新加坡理工大学官网。

设计，工程，食品、化学和生物技术，健康与社会科学，信息通信技术几个专业。学校通过综合应用学习和研究方法，力争最大限度地开发学生的潜力，以帮助学生可以更好地认识自己未来的工作环境，找到提高工作效率的方法，进而创造新的产品或服务，为经济和社会发展做出贡献。

4. 新加坡社科大学

新加坡社科大学成立于 2017 年，其历史可以追溯到 1992 年的新加坡管理学院（Singapore Institute of Management，SIM）。新加坡管理学院成立之初是作为公立学校开展成人教育的，并与英国的开放大学合作授予学位，后来在 2005 年组建了新跃大学（SIM University，Uni SIM），成为新加坡第一所面向成人学习者的本土私立大学。新跃大学在 2014 年招收了第一批会计、金融与市场营销三个专业的全日制本科生，2017 年又开始招收法学专业本科生，并在同年更名为新跃社科大学（Singapore University of Social Sciences，SUSS），再次转为公办，成为新加坡第六所公立自治大学。2024 年 1 月，该校更新品牌标识，在英文校名不变的情况下，中文名称改为新加坡社科大学（简称"新社科大"）。目前，新加坡社科大学下设有法学院、商学院、人类与行为科学学院、科学与技术学院和纳丹人力发展学院。

二、课程与教学

由于新加坡高等教育中的大学都是自治大学，国家没有统一的课程教学标准，因此，这里以南洋理工大学为例对新加坡的大学课程与教学进行介绍分析。

（一）研究方法类课程

大学阶段需要培养学生具备一定的研究能力，所以南洋理工大学开设了研究方法类课程来培养学生的研究能力。这些课程大多都是围绕学生的专业领域设置的，目的就是让学生在学习知识的过程中掌握知识产生的原理，并具备以后创造新知识的能力。这也是从知识逻辑的视角来为学生的思维方式提供教育教学，让学生在接受高等教育的过程中，知道如何去发现新知识、掌握新方法。例如，在生物学专业，学生不仅要学习生物学原理、遗传原理等课程，还要学习计算机思维概论等课程，这样可以使学生在未来专业发展中能够借助现代计算机的技术与思维逻辑开展生物学的研究工作。

（二）综合课题设计课程

综合课题设计课程一般是在高年级开设的，一般持续一个学期或者两个学期，主要的形式是由学生自己选择一个课题，通过独立检索文献、开展调研或者实验最后形成一份研究报告。这类课程的目的是锻炼学生独立开展科学研究工作的能力，通过项目课题的真实研究过程，学生可以体验到科学研究工作的具体要求、程序以及所需要的知识与技能。例如，南洋理工大学的高年级课程教育研究，就是给学生两个学期的时间，让学生自主选题，再通过收集数据、分析数据和撰写报告来体验整个教育研究的过程。

（三）操作类课程

操作类课程的主要目的是锻炼学生理论联系实际的能力，学生通过实践操作来检查自己的知识应用能力。特别是在一些理工类专业中，学生还需要进行特定的实验操作训练。例如，环境工程专业在二年级就开设了环境工程实验室的课程，要求学生学习一整个学年，每周学习1个小时。该课程要求学生在进入实验室之前先提出一个问题假设，然后在实验室自行开展实验来验证自己的假设，教师在具体操作过程中也会对操作程序和技巧进行指导。

（四）研讨式教学

研讨式教学就是在教师的组织下，为学生提供一个开放的研讨环境，通过创设问题引导学生查找资料进行讨论、实践和探索，并提出解决问题的方法。研讨式教学可以锻炼学生的逻辑思维、表达能力和独立思考能力，让学生可以充分地与他人交流，表达自己的观点。这些能力不仅是学生在学习现代知识过程中所需要的，还是其在未来社会工作中所必备的。同时，在研讨过程中还可以调动学生团队合作的积极性，养成尊重他人、与他人分享的习惯。

（五）小班辅导教学

小班辅导教学是南洋理工大学专业课程的特色教学方式。[①] 小班辅导教学并不是使一门课程的班级容量缩减，而是在一个规模较大的班级开展了一定阶段的授课活动后，由教师按照一定的原则对班级中的学生进行分组，实现教学规模的缩小化。每个小组在规定的时间里到指定的地点与教师开展 1 个小时左右的小班课程复习和答疑活动，这种活动涉及的主要内容是课程中已经讲授过的内容。在这个过程中，教师有可能要求学生对所学课程内容进行展示，然后根据学生的回答进行进一步的指导，这样的活动可以让教师准确把握学生的具体学习情况，及时获得课程教学的反馈。

---

① 马东影，卓泽林. 新加坡教育研究 [M]. 南宁：广西教育出版社，2023：167.

第二章
新加坡职业教育历史发展

　　新加坡在成为英国殖民地之前，原先繁荣的港口贸易因此前受到的入侵而遭到了毁灭性破坏，在莱佛士设立贸易站时只有几百人的规模，因此殖民地政府受到人口规模因素的影响并不重视新加坡当地的职业教育发展。此后，殖民地政府将新加坡打造成为英国在远东地区的重要商埠和东南亚地区的主要军事基地，英军和商贸人员急剧增加，吸引了周围大量移民前来谋生，这就使得新加坡又慢慢开始恢复往日的生机。当时新加坡除了有来自英国的军队人员之外，还吸引了华人、马来人和印度人。人口规模的扩大使得殖民地政府开始考虑当地居民的教育问题。但直到1929年，殖民地政府才成立了第一所职业教育院校，新加坡才有了政府举办的正规的职业教育。

第一节　新加坡职业教育萌芽阶段

一、殖民地初始（1819—1826 年）的官办职业教育仅停留在构想上

莱佛士在新加坡设立贸易站后就提出了建设马来学院或新加坡书院的规划，但是由于莱佛士在新加坡只停留了很短的时间，而后继者又无心职业教育活动，因而其教育构想只是停留在理念层面，并未真正付诸行动。1823 年莱佛士召开了一次启动书院建设的会议，提出了建设书院的目标与使命。按照莱佛士的构想，新加坡书院应该为来自英国的居民子弟和新加坡周边地区的贵族子弟提供高等层次的教育，要将书院的学生培养成能够管理公司、治理社会的高层次人才。

莱佛士离任后，继任者与后来的东印度公司认为新加坡地区的居民，尤其是本地居民的基础知识普遍较差，不能与英国本土教育水平相比，因此认为书院应该加强基础性知识的教育，应以提供初级教育内容为主。但到最后，由于当时主政人员对教育的不重视，书院无论在初级教育还是高级教育层面都没有获得良好的发展。所以，在殖民地初期，新加坡的教育主要是由当时来自欧洲的教会和民间团体举办，这时的教会学校主要由英国传教士创办，这些学校使用英语教学，教授的内容大多与西方的宗教相关。而当地的民间团体教育还包括一些华人的私塾和义塾、马来人的伊斯兰教学校，这些学校都以本民族的语言开展教学，重点是传播传承本民族的文化思想与开展基本识字教育活动。

二、海峡殖民地时期（1826—1867 年）的民间职业教育活动开始兴盛

1826 年，英国合并自身控制的殖民地进行统一管理，将新加坡、槟榔屿和马六甲共同组建成海峡殖民地，借由东印度公司进行管理。1832 年，新加坡成为海峡殖民地政府所在地。由于东印度公司更加关注的是商

业贸易和经济利益，于是将主要的精力聚焦在开展一些有利于维护自身统治地位和发展贸易便利性相关的教育活动。因此，在海峡殖民地时期，新加坡的官方教育极为落后，新加坡的教育主要还是依靠民间团体、个人和教会的捐赠来维持。

19世纪30年代，受莱佛士教育思想的影响，一批来自欧洲的热心教育事业的商贸人士筹集资金继续筹建新加坡书院。此时的书院主要开展中等层次的教育活动，教学语言以英语为主，以本地民族的马来语、粤语、福建话、客家话和泰米尔语为辅共同开展教学，因此新加坡书院在建设初期就体现出了东西方价值观念的融合。

新加坡最早有记载的华人私塾也是在海峡殖民地时期建设的。当时一些华人、华侨、华商子弟若要进入学校学习只能参加西方教会创办的西式学校，于是广东籍、福建籍华人就创办了私塾来招收华人学生。同时，一些华商团体还捐资筹款创办了义塾，使用方言开展教学，主要是开展商业文化与原籍地文化的教育教学。发展到19世纪50年代，新加坡华人创办了一所面向全体华人进行招生的义学——新加坡萃英书院（Chinese Free School），对华人子弟进行华文教育。

世界许多国家的传教士在海峡殖民地时期也都来到新加坡创办学校。例如，1834年来自美国的传教士在新加坡建立了传教总部，并在新加坡设立了近20所教会学校；法国的神父伯雷尔创办了圣约瑟书院和耶稣圣婴女修院。这些教会学校主要招收新加坡本地贫困家庭的子弟，在开展识字教育的同时还传播西方宗教文化。同时期的伊斯兰教团体或个人也创办了一些私塾性质的学校，对本地的马来人开展宗教文化教育。

这些教育活动中的商业文化与技能教育、生存教育和识字教育等都属于新加坡职业教育萌芽期的教育形式，只是与普通教育融合在一起而开展。

三、直辖殖民地时期（1867—1942年）产生了第一所官办职业教育院校

1867年，新加坡由位于伦敦的殖民地办公室直接管辖，正式成为英国直辖殖民地。直辖后，殖民地政府于1868年将莱佛士提议、后人建立

的新加坡书院更名为莱佛士学院，并将其作为殖民地政府的主要教育机构开展教育活动。在直辖殖民地时期的前期，虽然英国政府在1872年专门设立了管理教育事业的教育局，但殖民地政府对当地的教育投入依然很少。当时新加坡社会中的华人、马来人和印度人因为文化环境的差异，各个种族都是聚集而居，交往较少。因此在20世纪之前的新加坡，各个种族依然延续之前的教育方式，各自负责自己种族的教育事业。

有一部分华人会将子女送到英国的教会学校学习，还有一部分则是送入华人学校学习，当时的华人学校依然采用的是中国传统的蒙学教材，开展儒家文化教育。马来人创办的马来语学校免费招收马来学生，在学校教授马来的地理、历史等知识。印度人由于人口规模所限，举办学校的热情并不如其他种族，其教育发展也相对落后。

（一）英国政府开始干预殖民地教育

进入20世纪后，特别是第一次世界大战结束后，英国政府开始思考对海外殖民地的管理和教育问题，不断加大对殖民地教育的干预与监督，这时新加坡的职业教育开始不断地被提及与建设。例如1902年的《肯内尔斯雷报告》就提出要在新加坡创建一所独立开展职业技术与商业教育的学校，但后来殖民地政府经过论证认为，新加坡规模有限，并不需要专门化的职业教育机构，否定了报告中的职业教育院校建设构想。后来1919年的《莱蒙委员会报告书》又对新加坡的职业教育提出了新的构想，例如要兴办农业学校、马来语的职业学校和英语的技术学校等。但是这时的职业教育院校规划依然停留在计划层面，并没有真正将涉及的各类型学校建设起来。同时，这时候的莱佛士学院开始涉及职业教育的内容，例如考虑在学校里开设农业与商业教育。

（二）殖民地政府颁布法令规范教育活动

随着新加坡与世界其他地区的交流交往的增加，移民不断涌入，加之英国统治的需求，殖民地政府在1920年设立了专门监督学校教育活动的视学官，还颁布了专门的学校管理法令，对新加坡地区的教育进行指导、管理和监督。此时，政府还投入了大规模的教育津贴，对送儿童进入学校接受教育的家庭给予经费补贴，鼓励居民将儿童送入学校接受教育。

（三）新加坡历史上第一所官办职业教育院校成立

1929 年，新加坡政府创办了第一所职业教育院校，标志着新加坡的职业教育走上了新的阶段。1938 年，西方教会团体也专门成立了圣约瑟夫职业学校来培养职业技术教育人才。需要指出的是，直辖殖民地时期的新加坡政府创办的学校大部分都是面向当地马来人的，使用马来语、英语进行教学，而华人、印度人的学校大部分是本族的私人团体创办的。后来因为第二次世界大战，英国对新加坡的教育规划被迫中断，未能继续实施大规模的公办学校教育活动。

第二节　新加坡职业教育初创阶段

一、日本占领时期职业教育与体能教育相结合

第二次世界大战期间，日本从 1942 年占领新加坡直至 1945 年战败，一直在新加坡实行奴化教育，在新加坡的各级各类学校中鼓励日语教学，还专门开设宣扬日本军国主义精神的教育内容，并停办了一些与日本军国主义精神不相符的学校。由于此时战争与殖民统治的需要，新加坡的职业教育在日本官方的支持下获得了一定的发展。日本政府强调对居民人格与品格的教育，重视职业技能与体能的训练，目的是为军事设施的修建与发展提供足够的人力资源。同时，日本政府为了更加快速地培养专业人才，还在新加坡创办了开展职业教育的学校，这类学校一般承担短期的职业教育培训，并提供关于军事、工业及经济活动的一些课程。

二、英国重新统治后新加坡地方当局的职业教育开始发展

1945—1959 年，英国在日本战败投降后重新统治新加坡。第二次世界大战给新加坡的教育造成了巨大的影响，特别是日占时期对新加坡教育理念的彻底扭曲，使得人们对于教育进行改革修正的愿望极其迫切。第二次世界大战也同时激化了本地居民与宗主国之间的矛盾，当日本开展对新加坡的侵略时，英国的不抵抗政策和大量欧洲裔的撤离严重影响了宗主国与殖民地居民的关系，新加坡本地居民认为英军和欧洲裔的大规模撤离意味着对本地居民的抛弃，他们开始思考自己的未来，这就为后面的新加坡自治埋下了伏笔。在新加坡本地居民要求扩大自身国家治理话语权的诉求下，新加坡于 1948 年举行了第一次选举，于 1953 年修改宪法获得了更大的自治权，本地居民由此开始参与新加坡本地的教育治理。

（一）种族融合的教育理念开始出现

英国为了恢复并稳定新加坡的社会发展，面对新加坡破败不堪的教育境况，开始着手进行改革。首先，改变了以往种族分离的教育政策，开始鼓励不同种族的学生在同一类教育机构接受教育。其次，在新加坡新建了多所学校，满足人们对于教育的需求。最后，增设了大批的教育教学设施，使得学校环境焕然一新。

新加坡政府于 1947 年专门出台了《十年教育计划》，提出在新加坡建立统一的初级学校，为适龄儿童提供六年的初等教育，各个种族的儿童都可以进入初级学校学习，并可以自主选择英语、华语、马来语、泰米尔语中的任何一种语言来接受教育，这表明政府开始践行种族融合的教育理念。虽然此时的政府同意学校对教学语言有自主选择权，但是依然主要为原先的马来语学校提供资助，而要求华语学校与泰米尔语学校达到政府的标准后才能获得一定的补贴。因为新加坡当时的社会受英国的影响较为深远，英语的社会地位已经被确定下来，加之当时的主要商业贸易还是依靠驻扎在新加坡的英国士兵，因此很多学生为了将来的生计，在学习本民族

语言、方言的同时还会主动去学习英语，这就使得选用英语作为学习语言的学生规模庞大，而政府也对实施英语教育的学校及课程给予了更多的支持。

（二）新加坡地方政府创建了第一所自己的高等职业教育机构

除了政府恢复教育的各种措施之外，当地的华人、马来人也都在百废待兴的新加坡开始了学校的重办与复办。很多华人、华侨筹资捐款开办多种形式的华语学校，这些学校既招收适龄的儿童，也招收因战争而未完成学业的超龄学生。学校在开展儒家文化教育的同时，还传授学生战后谋生的技能，帮助学生在新加坡获得更好的发展。

此时新加坡的本地居民除了创办学校等教育机构之外，还开始利用自己更高的自治地位向殖民地政府提出了一些发展职业教育的建议。例如在1951年，新加坡的本地商人在阿德尔菲酒店（Adelphi Hotel）聚会，讨论后提出建设一所理工学院的计划。[①]1952年本地组建的专门委员会向政府提交报告，提出要建立一所开展职业教育的理工学院，以满足新加坡当时对熟练技术工人的需求。为了论证其可行性，殖民地政府又委托多比（Dobby）委员会对新加坡理工学院的建设进行了调研。

1953年，多比委员会提交给殖民地政府一份《多比报告书》，报告认为政府应大力发展职业教育来服务经济发展需要，具体措施包括：建设一所专门的培训学院，以保证职业教育高质量与高标准的实施；提供多种形式的职业教育，例如可以开设夜校、非全日制式课程；通过专业的机构与多形式的方式来培养、培训在技能提升方面有需求的青年及在职员工。

在《多比报告书》的基础上，殖民地政府又邀请英国本土具有职业教育院校办校经验的院校管理者对新加坡理工学院的建设提出了具体的建设计划。1954年10月政府批准新加坡理工学院成立，但当时的学校理事会主席、学校校长等重要职位依然全部由殖民地政府任命。1958年新加坡

---

① 资料来源于新加坡理工学院官网。

理工学院正式开始招生，第一年开设了 58 门课程，共有 2 800 多名学生注册入学。[①]1959 年 2 月，英国菲利普亲王为新加坡理工学院正式揭牌，这也标志着新加坡理工学院获得了英国政府的正式认可。当时的新加坡理工学院不仅开展职业教育，还负责一些普通教育活动，其开展教育教学活动的层次属于高等职业教育。

（三）中等职业教育开始受到重视

在此时期，殖民地政府还开展了中等层次的职业教育活动，例如 1956 年在丹戎加东（Tanjong Katong）地区和女皇镇（Queenstown）各成立了一所技术中学，这是新加坡最早成立的技术中学，开创了新加坡技术中学教育的新局面。

这两所技术中学的创办目的主要是解决当地儿童未来职业发展的问题。殖民地时期，很多本地居民子女都希望通过一定的考试获得远赴英国继续接受更高水平教育的机会，所以虽然其叫作技术中学，但由于这两所学校是面向地方招生的，其在开展职业教育的同时，还承担着学生识字、历史等学科的普通教育教学工作，这样有助于学生参加英国机构在新加坡举办的各种资格考试与教育证书考试。但是，当时的技术中学远离新加坡城区，得不到殖民地政府的资金支持，办学场所、设施和人员都比较落后，因此在教学质量方面存在严重的问题。

第三节　新加坡职业教育自主探索阶段

1959 年 5 月，新加坡举行了第一届选举，本土的人民行动党获得了议会的大部分席位，新加坡成立自治政府，成为自治邦，英国保留外交、

---

① 资料来源于新加坡理工学院官网。

国防等权力，教育权则划归新加坡本地政府所有，这标志着新加坡人开始独立掌握教育事业发展的权利。

一、自治后开始探索职业教育发展的方向

经过第二次世界大战结束后十几年的发展，新加坡逐渐从阴影中走了出来，拥有了自己独特的移民社会文化。这时候新加坡内部的社会矛盾和新加坡与周边邻国的经济竞争开始受到重视。

新加坡的国内矛盾主要是不同种族之间的冲突。不同种族虽然共同生活在新加坡，但由于语言和文化差异，彼此之间的交流交往非常有限，甚至互不来往，各族儿童进入各自种族的学校接受教育。而且不同种族的居民所从事的行业也有着巨大的差异，华人大多从事商业、港口劳工行业的工作，马来人更多从事服务驻新加坡英军的佣人等职业，而印度人则更多参与一些市政工程、服务业，这就造成了不同种族的学生在参与职业教育活动的过程中呈现了与自己种族所从事的行业联系紧密的特点。另外，在职业教育院校的创办与发展过程中，新加坡政府一直只对马来语学校提供巨大的支持，这在一定程度上加重了三个主要种族之间的矛盾。

新加坡与国外的矛盾主要是源于周边的印度尼西亚与马来西亚两国。第二次世界大战后，印度尼西亚与马来西亚分别摆脱了荷兰与英国的殖民统治成为独立国家，由此开始摆脱对原宗主国的依附，独立发展自己的经济，这对于新加坡以转口贸易为策略的经济模式造成了极大的冲击。

面对复杂的国内种族矛盾和国际竞争，新加坡开始考虑自己的发展道路问题。

二、提出职业教育要适应社会经济发展的要求

（一）学校教育开始实行双语教育政策，推动社会平等

在获得自治后，新加坡的人民行动党就将自己在竞选时做出的实现教育公平的承诺付诸行动。自治政府在新加坡实行双语教育，平等地对待不

同的种族，将英语、华语、马来语、泰米尔语四种语言作为教学语言，在小学实行两种语言并行的教学方式，即学校的数学等主要公共课程统一使用英语教学，其他课程则根据学生的种族来使用其母语教学。中学阶段则更加开放，实施华语、马来语和英语三种语言混合教学。这种混合的教学语言环境有助于加强各族青少年对种族、文化差异的关注与理解，更加有利于社会的和谐与稳定。[①]

此外，新加坡政府还主张使用不同语言教学的教师享受一样的薪资待遇，在学生中小学毕业考试、等级考试和技能认证考试的语言安排上实现多语言化，改变了英语一家独大的局面。不过，新加坡虽然是以华人为主体的社会，但由于地理位置与政治历史的影响，历届政府对新加坡的马来人都更为重视。自治后的政府同样为在新加坡的马来裔提供了良好的教育条件，例如创建了包括小学、中学在内的马来语学校体系，为他们提供免费的教育，且这些毕业生考入本地大学后还可以继续享受免费教育。

（二）提出职业教育要适应产业发展，提高就业率

与自治后普通教育蓬勃发展的状况相对应的是，新加坡的职业教育发展相对较为缓慢。自治政府作为治理社会的新手面临着各种问题，这既有来自政府内部的管理水平与经验的问题，还有来自新加坡社会内部的问题。一方面，转口贸易经济模式已经阻碍了新加坡社会的巨大发展，新的劳动力不断涌入劳动力市场，但新加坡的国内市场有限，造成社会失业率逐步增高。另一方面，第二次世界大战后经济社会的恢复、经济形势的变化也对劳动力提出了新的要求，对于能够操作先进机器进行生产活动的技术型工人的需求不断增加。

为了提升职业教育的适应性，新加坡政府对新成立的新加坡理工学院的管理结构进行了革新，1959年任命华裔杜进才博士为理事会主席。杜进才上任后对学校的办学方向进行了修订，强调新加坡理工学院是服务本地经济发展的一所职业院校，要聚焦社会急需的职业技术人才培养，要以

---

① 马东影，卓泽林. 新加坡教育研究［M］. 南宁：广西教育出版社，2023：23.

满足新加坡的工业化道路发展为学校的人才培养目标。随后，开始撤销一些与职业教育不相关的普通教育课程，专注在校生的职业技能培养和社会在职人员的技能培训。同时，还对培养培训的评价制度进行了改革，为参加学校培养培训的学生、学员提供学校自己的毕业考试，并颁发相关的文凭证书。学生、学员无须在毕业后参与由原来宗主国遗留下来的各种考试活动，这就减轻了学生、学员的毕业压力，可以帮助他们快速进入新加坡就业市场。新加坡理工学院的教育教学活动目标自此由培养白领转变为培养蓝领，不再提供打字、速记等普通教育证书和高等中学毕业证书的普通教育。[①]

三、针对职业教育的发展方向开始专门化的调查工作

（一）组建职业教育调查委员会

1961 年，在政府的支持下专门成立了由原来女皇镇技术中学校长曾树吉任负责人的职业教育调查委员会，该委员会于当年发布了《职业教育调查委员会报告书》（又称《曾树吉报告书》），该报告书系统调查了新加坡职业教育的办学情况，并为新加坡未来的职业教育发展提供了基本的框架。报告书认为，新加坡当时负责职业教育的机构是相对混乱的，且没有得到政府足够的支持。

新加坡当时负责职业教育的机构包括已经建设多年的新加坡理工学院、办学条件极为困难的技术中学、一些初级技术学校，以及政府、教会创办的职业院校。这些职业教育机构在招收学生的种族方面存在着差异，其各自的教育教学层次与内容还存在着重叠重复的问题，甚至部分学校除了开展职业教育与培训工作还开展普通教育，这就使得新加坡职业教育没有明确的发展目标。由于当时新加坡社会普遍认为职业教育是一种下等教育，接受职业教育的毕业生未来从事的职业也是传统服务业或工业，因此

---

① 华拉保绍. 新加坡职业技术教育五十年［M］. 卿中全，译. 北京：商务印书馆，2018：15.

人们更希望能够进入英国的高等教育机构继续接受学术教育。往往是一些在小学离校考试中表现不合格的学生才会进入职业教育机构接受教育，而这些机构也确实是按照这种标准来招生的，所以职业教育机构常常只是为学生们提供简单的生计技能教育，并不会思考如何科学地开展职业教育。

基于这些问题，《职业教育调查委员会报告书》中提出：首先，要对职业教育机构实施分类，将现有学校进行分级分类管理，各个学校负责不同层次的职业教育与培训，统筹不同类型学校间的教育资源；其次，要在职业院校中强化学徒制培训制度，扩大学校中的学徒制规模；再次，要实行职普分流的政策，扩大职业教育的招生规模，引导大部分中小学生进入职业教育领域进行学习，缩减普通教育的规模；最后，要为职业教育师资的培训与招聘建立专门的标准体系。可以说，该报告书确定了新加坡职业教育的发展方向，将职业教育逐步纳入正规的学校教育体系中。

（二）第一所华人职业教育院校义安学院成立

1963 年 5 月，华人的潮州团体义安公司（Ngee Ann Kongsi）为了帮助新加坡华人提高职业技能与受教育水平，并为本地华人社区学生提供包括中国传统文化在内的教育，出资创办了一所服务华人的高等教育层次的学校，命名为义安学院（Ngee Ann College）。这所学校旨在为华人提供更加优质的高等教育，同时为华人提供与自己企业相关的各种职业技术培训，使用华语为授课语言，首届招生 116 人。

义安学院最初提供四年制的学位课程，主要开展语言、商业和技术等领域的教育与培训活动。[①] 义安学院还聘任当时南洋大学的刘茵淑为首位校长，这也是新加坡历史上首位高等院校的女性校长。1967 年义安学院改制成为公办院校，这也是新加坡历史上仅次于新加坡理工学院的专门开展高等职业教育的院校，为新加坡的职业教育发展贡献了巨大力量。

---

① 资料来源于义安理工学院官网。

四、新马合并时期职业教育的地位开始受到认可

1963 年 9 月，新加坡与已经脱离英国殖民统治的马来亚、沙巴、沙捞越等共同组成马来西亚联邦，新加坡作为其中一个州继续保留自己在教育权上的相对独立性。在新马合并期间，新加坡的职业教育发展变化不大，主要是由于新马合并的时间较短，职业教育发展没有出现重要改革。

这次合并本意是为各方寻找更好的发展方向，但合并后带来的各种问题，尤其是种族间的矛盾被再次提及，导致新加坡社会再次陷入困境。政府忙于处理各种社会矛盾，无暇过多地顾及职业教育的发展，所以此时的公办职业教育机构更多是按照惯性继续发展，而一些民间团体、私人等继续发展自己的职业教育。例如 1964 年新加坡理工学院开始得到新加坡大学学位制度的认可，计划授予其毕业生正式学位以替代原毕业文凭，这就使得职业教育的地位获得了极大的认可。原职业院校的毕业生只能获得学校自己颁发的毕业文凭，在进入劳动力市场或者进入更高层次的学校学习时会受到各种限制，而获得学位则意味着与原先宗主国学位体系一。1965 年新加坡理工学院正式开始颁发学位，取代了原有的毕业文凭。[1]

第四节 新加坡职业教育形成阶段

一、独立初期实施集中管理策略（1965—1973 年）

（一）政府加大对职业教育的投入

由于新加坡政府强调实施种族平等的政策，这与马来西亚强调马来人拥有特权的政策形成巨大的社会矛盾，甚至是种族冲突，新加坡于 1965 年被迫从马来西亚联邦中独立出来成立新加坡共和国。刚刚建国

---

① 资料来源于新加坡理工学院官网。

的新加坡政府首先面临的问题就是大量青年的就业与失业问题。新加坡社会在第二次世界大战后高生育率的结果在 20 世纪的 60 年代开始显现出来，大批青年需要大量的工作岗位，但是此时的新加坡还受到种族冲突、邻国经济封锁、英军撤离等各种消极因素的影响。同时，因为青年接受教育的比例较低，而且新加坡居民历来都愿意将自己的子女向着学术教育的方向去培养，造成了当时大部分的毕业生不懂技术，无法直接进入企业工作。

英国政府在 1967 年开始分两个阶段撤出在新加坡的驻军，这对新加坡的劳动力市场产生了巨大的冲击，因为当时大约有 3 万人的工作岗位是与英国军事基地直接相关的，其间接提供的岗位资源更是庞大。有数据显示，当时新加坡 GDP 的四分之一来源于英国的军事基地[①]，可以想象英国军事基地在新加坡劳动力市场的重要地位。为了维护社会的稳定，新加坡政府采取了多项措施来发展经济，最主要的就是实施了"快速工业化"战略，利用新加坡的深水港、国际航运交通地位和各种优惠政策吸引外资到新加坡投资，以此来快速增加社会上的就业机会。同时，新加坡政府还提出要为来新加坡的跨国企业提供优质的技能人才，并开始加大对职业教育的投入。

（二）中央机构对职业教育开始全面规划

1968 年，新加坡教育部成立技术教育司（Technical Education Department，TED）专门负责全国职业教育发展规划，该部门主要负责技术中学、员工培训、职业师资培养与培训等职业教育活动。1969 年，一些综合性、混合性中学开展的职业教育也划归技术教育司管理，实现了中央对全国职业教育的集中管理。技术教育司非常强调学生在校期间的实践实习，要求学生必须有企业实践实习的经验，对实践实习的时间也做了明确的规定。

学校内原有的职业培训与社会及企业的实际要求存在着巨大的差异，

[①] 华拉保绍. 新加坡职业技术教育五十年 [M]. 卿中全，译. 北京：商务印书馆，2018：20.

因此，技术教育司要求学校要以企业工作岗位为基础，坚持市场导向开展实践培训，一些无法满足企业需要的培训项目或者课程改组后纳入企业训练基地，以进一步提高职业教育的适应性。在技术教育司的指导下，新加坡还成立了几所新的职业院校，并通过多种形式对职业教育进行宣传，让社会从多方面了解职业教育，鼓励学生在小学毕业后选择职业教育。通过这种中央集中管理的制度，职业院校毕业生数量从 1968 年的 324 人增长到 1972 年的 4 000 余人[1]，为当时的新加坡培养了大批具有一定技术技能水平的劳动力，降低了失业率，稳定了社会发展。

二、职业教育步入正规发展时期（1973—1979 年）

（一）成立专门机构统筹工业培训工作

为了进一步促进社会职业岗位与学校职业教育的融合，新加坡政府在 1973 年又专门成立了工业训练局（Industrial Training Board）统筹工业培训工作。教育部下属的技术教育司由于只在教育领域的培训活动不能满足社会工业发展需求变化而被裁撤，本由其负责的工业训练与培训活动改由工业训练局负责，其他学校的职业教育继续由教育部负责。

工业训练局为了将企业需求与学校职业教育更好地结合起来，专门成立了多个不同行业的咨询委员会，对职业教育与培训活动进行指导，即社会中职业教育与培训活动的标准主要由相关行业的咨询委员会负责。此外，原来一些由教育部门主管的培训机构、学校也全部划归工业训练局负责，教育部门只继续保留那些负责职业教育教师培训的院校。

工业训练局作为一个统筹全国工业培训的专门机构，可以调动全国各种行业机构的咨询委员会，对于工业实践活动也更加熟悉，因此其指导下的职业技能培训更符合当时新加坡工业发展的需求，可以提升职业技能训练的适应性。在工业训练局的指导下，新加坡的工业技能训练开始大规模

---

[1] 华拉保绍. 新加坡职业技术教育五十年［M］. 卿中全，译. 北京：商务印书馆，2018：25.

的采取学徒制的方式进行培训，还制定了一整套培训标准体系，并为参与基础技能培训的学员颁发了相应的职业资格证书。工业训练局还特别强调职业技能培训的校企合作模式，引导企业参与政府的技能培训项目。

（二）教育部开展对职业教育课程的调研工作

20世纪70年代，新加坡的经济开始快速发展，但新加坡青少年的受教育程度普遍较低，还不能完全满足经济快速发展的需求。当时新加坡只有近六成的小学毕业生会进入中学继续学习，而中学毕业生也只有不到两成会继续接受高等教育。当然，这里还只是普通教育的数据，接受职业教育的学生则是少之又少，这与新加坡技能服务工业的发展需求是相悖的。因此，在工业训练局主导社会技能培训的同时，职业教育也开始思考自己的发展策略，以满足新加坡经济快速发展的需求。

1976年，教育部对职业教育进行反思性调研，任命雪莱组织了一个委员会，对新加坡中学中的职业教育相关课程进行调研，并形成了《雪莱报告书》。该报告书指出，职业教育不仅要为学生提供职业技能的培训，更要让学生树立尊重社会各种职业、愿意参与职业技能培训的理念。该报告书建议在所有中学开展职业教育的课程，但是职业教育的课程所占比例要控制，因为有些专业性较强的课程没有必要让中学生学习。同时建议要在中学全学段开展职业教育，而不是到了中学二年级或者中学三年级才开设职业教育课程，只有这样才能帮助学生树立尊重社会各种职业的理念，引导学生更好地思考并选择未来职业。该报告书还提出，职业教育要重视实践教学环节，鼓励学校参与企业工作过程，让学生在实践中感受、认识职业工作活动。

（三）中央政府开展对职业教育的督查

1978年，由新加坡时任副总理吴庆瑞领导的一个不具有教育研究与工作背景的委员会对新加坡教育部进行了全面的督查，并形成了《吴庆瑞报告书》。

首先，该报告书指出了新加坡学校教育中的语言教育问题。部分学校使用母语对一些学习成绩不理想的学生进行教学，影响了学生未来工作中使用英语沟通的能力。因为新加坡奉行转口贸易政策，跨国公司、国际贸易占据了经济发展的主要部分，企业对员工的英语水平要求较高，所以该报告书指出，无论学生的学业成绩如何都要对其加强英语教育，尤其是要为学生未来能参与技能训练提供良好的使用英语的环境。

其次，该报告书指出新加坡青少年接受教育的水平急需提高。当时新加坡大部分的学生都是在接受小学教育后便不再继续学习，而继续接受中学教育的学生中也存在很多辍学现象。

再次，该报告书提出了直接影响新加坡职业教育的分流政策，即要对不同学业成就的学生在小学阶段的后期开始分流，在中学阶段开始职业教育与普通教育的分流。

最后，该报告书还对新加坡基础教育阶段的各种水平考试制度进行了拓展优化，给予不同需求的学生多种选择的途径，打破了一种制度的培养方式，满足学生未来个性化的发展需求。

三、职业教育的完善阶段（1979—1997 年）

1979 年，为了打通成人员工培训与学校职业教育的技能发展通道，新加坡政府又将成人教育局与工业训练局合并为职业与工业训练局（Vocational and Industrial Training Board）。职业与工业训练局成立后就开发了符合学校学生与企业在职员工的通用职业技能与测试标准，此后又开展了多项面向全国学生与在职员工的培训与认证工作，为新加坡的职业技能培训工作做出了巨大贡献。

进入 20 世纪 80 年代，新加坡基础教育阶段的学生入学人数开始增加，接受职业教育的学生人数也开始增加，这就需要扩大高层次教育的规模，由此职业教育领域有大批的职业院校创办起来。这些新职业院校开展的大部分职业培训都与当时新的信息技术相关，并在一些发达国家的支持下开展了计算机软件、工业自动化等相关课程的培训工作。

进入 20 世纪 90 年代，新加坡经济发展继续保持高速增长，职业教育领域对高等教育的需求进一步增加，因此，两所新的理工学院在 20 世纪 90 年代初相继成立。

新加坡在经历了独立后的快速发展之后，经济增速整体放缓，新加坡的职业教育也开始走上配合经济发展新模式的转型之路。受到 1997 年亚洲金融危机的影响，新加坡开始思考自己的经济道路，并开始对国家的经济政策与策略进行重新思考与设计。实际上在遭受亚洲金融危机之前，新加坡的职业教育就已经开始了转型的道路，例如在 1992 年将原来的职业与工业训练局转设更名为工艺教育学院，重点突出技术对于国家发展的影响，也凸显了加强新技术学习的理念。总之，在经历了亚洲金融危机之后，新加坡的职业教育进入现代化的完善阶段。

第三章
新加坡职业教育政策与战略规划

新加坡的职业教育在殖民地时期没有受到政府的重视，发展极为缓慢，职业教育与培训活动主要是由一些民间团体、个人和教会来承担的，在发展速度、规模和效率上都受到了限制。随着新加坡成为独立国家，职业教育开始受到重视，尤其是随着其经济的快速发展，职业教育对培养产业工人、技能人才的作用开始受到关注。所以新加坡的职业教育是在国家政策的支持下逐步发展起来的，政策的导向作用为新加坡职业教育发展确定了基本的方向。独立后的新加坡政府不断调整职业教育与培训工作的责任部门，其主要目的是为了推动职业教育获得更好的发展，正是这些专门化机构的努力为新加坡职业教育与技能培训奠定了基石，培养了大批的满足商业和工业需要的有能力、训练有素的人才，使得新加坡的职业教育取得了卓越的成绩。[①] 因此，对新加坡职业教育政策与战略规划的分析有助于我们更好地厘清新加坡职业教育成功的关键要素。

---

① 华拉保绍. 新加坡职业技术教育五十年 [M]. 卿中全，译. 北京：商务印书馆，2018：75.

第一节　新加坡职业教育总体政策

一、独特的双语教育政策

新加坡要求在教育部下属的各级各类学校中都必须使用双语教育的教学策略。也就是说，新加坡的小学、中学和中学后的职业教育都要在教学过程中坚持双语教学，即用英语作为基本的教学语言进行交流沟通，同时还要专门开设课程开展学生的母语或者其他语言的系统学习。

（一）新加坡独立前实行单一语言教学

实行双语教育政策是新加坡社会人口结构所决定的，作为一个移民国家，新加坡在历史上长期存在多民族、多语言、多文化的社会特征。殖民地初期，英国政府开办的学校坚持使用英语教学，后来随着一些马来人的强烈要求与不断抗争，殖民地后期在政府资助的学校中开始教授马来语，这也是新加坡官方双语教育最早的雏形。同时，殖民地时期的民间教育也普遍采用单语种的教学方式，华人学校采用华语教学，马来人学校使用马来语教学，而西方宗教团体的学校则是使用英语教学。后来新加坡获得自治权后，政府具有了教育权，就开始推行种族平等的教育政策，在学校里平等对待四种语言的地位，在小学实行两种语言教育，在中学实行三种语言教育。不过为了促进社会的融合，新加坡鼓励人们以英语作为通用语言来沟通交流。

（二）新加坡独立后进一步强化英语语言学习的重要性

新加坡完全成为独立国家后，为了解决种族间的矛盾，开始尝试在学校实行双语教育。因为自治时期的双语教育政策并没有达到预期的效果，学生的英语水平普遍较低，还是不能满足种族间互相交流的需要，于是政府就通过实行强化英语教学地位、增加英语语言专门课程的策略来提升学生的英语水平。同时，还改组了一些使用本民族语言教学的学校，例如以华语授课的南洋大学就是在这个时期被迫与新加坡大学合并重组的。

（三）20世纪80年代确定将英语作为教学语言的双语教育政策

进入20世纪80年代，新加坡的经济进入快速发展且不断转型的阶段。新加坡社会与外界的社会交往更加频繁，但学校培养的人才在使用英语方面还是不能满足社会需求，因此政府在1987年要求所有学校的统一教学媒介语为英语。[①] 这次教学语言政策的实施完全确定了英语在新加坡学校教育中的统治地位，其他语言只能是以课程语言的形式作为补充性的专业语言供学生学习。在这个过程中，各个种族的民族语言教学也开始在课程框架内走向规范，例如对语言教学中的课程名称、教学的具体内容结构和语言教学目的等都进行了标准化的要求。

（四）进入21世纪后双语教育政策开始出现校本化特征

进入21世纪后，在英语作为教学语言的基本框架下，很多新加坡学校开始推行个性化的其他语言教学内容，双语教育出现了校本化特征。这主要是因为经过了一段时间的规范化语言教学后，很多学校出现了诸多的问题，最主要的就是学校招收的很多学生都具有种族的特色，例如华人学校的学生清一色的几乎都是华人，他们不愿意去马来人为主体的学校读书学习，而马来人同样如此。所以每一所学校都必须从自己的学生特点出发，围绕学生的文化特征开设语言文化的校本化课程，例如一些华人学校不仅逐步开设了华文语言课程，还开设了中国概况、中国地理等课程来满足华人学生的需求。

总之，双语教育政策是新加坡教育政策最为显著的特征，它既是新加

---

① 马东影，卓泽林. 新加坡教育研究［M］. 南宁：广西教育出版社，2023：34.

坡独特的多元文化结构造成的，又反过来促进了多元文化的融合。这种双语教育政策促进了新加坡走向世界，成为其联系东西方文明的重要枢纽。

二、凸显职业教育地位的职普分流政策

新加坡奉行教育立国的理念，而教育立国不仅仅指的是教育优先发展，还要使教育服务国家经济发展，满足个人成长与个人发展的需要。

（一）职业教育地位的变化

在新加坡独立初期，需要大力发展对外贸易，并持续获得跨国企业的支持，因此这个时期最为基本的职业技能培训被放在了政府教育培训工作的中心地位，大量提供在职培训的学校、机构开始发展起来。随着新加坡经济走上快速发展的道路，经济发展方式开始转型，同时经过几十年的发展，人们的识字率与受教育程度已经得到了极大的提高，之前的在职培训工作已经不能适应经济社会发展需求，这时就出现了在正规学校教育体系中加强职业教育活动的萌芽。

政府通过对市场需求和学校教育实际情况的调研，提出实行教育分流的制度，即在基础教育阶段按照学生的发展水平对其进行职普分流，学业成绩突出者继续接受学术教育，成绩表现一般者接受职业教育。这种分流的政策不但可以满足社会发展过程中对于高技能人才的需求，同时还给学生提供了按照自身能力与兴趣自由选择发展道路的机会，更重要的是实现了按照学生的特点进行教育指导，最大限度地开发了学生的潜能，降低了学生的辍学率，促进了社会整体教育水平的提高。

（二）职普分流政策的实施

目前，新加坡的职普分流可以分为三个不同的学校教育阶段，每个阶段都为学生的发展方向提供了再选择的机会，并不是"一考定终身"的分流政策。

1. 小学高年级分流

新加坡的学生大部分都是在 6 岁进入小学接受小学教育，小学前四年学习的内容都是一致的，到了小学四年级结束时会有一次校级的考试，学生会根据教师的建议进行人生第一次的教育分流。这次分流的主要目的是保证个性化的教学，将按照学生的能力与兴趣对学生所学的课程进行调整，例如根据学生学习语言的水平决定其在之后的小学阶段需要学习哪些语言课程，避免学生因为能力不足或者兴趣不足而在统一性的课程教学下丧失对未来学习的热情。

2. 中学入学分流

新加坡所有学生在小学毕业时都会参加国家统一的小学毕业离校考试，并根据考试成绩经历人生中的第二次教育分流。此次分流主要是将学生按照能力与兴趣划入小学高年级阶段的快速课程班、普通（学术）课程班、普通（技术）课程班三类班级。快速课程班主要进行学术性教育，普通（技术）课程班主要是面向未来可能会接受职业教育的学生而开设的，普通（学术）课程班兼具两种类型。目前的数据显示，在中学阶段进入普通（技术）课程班的学生比例约为 20%，另有超过一半的学生进入快速课程班。

3. 中学毕业分流

学生中学毕业时会参加多种考试，最主要的就是新加坡剑桥普通教育 A 水准、O 水准、N（A）水准和 N（T）水准的考试。根据考试的结果，学生会经历第三次教育分流。一般通过新加坡剑桥普通教育 A 水准考试的学生会直接申请进入新加坡的大学接受高等教育阶段的学位教育，即本科教育。而通过其他水准考试的学生则有资格进入不同层次的职业教育机构，例如通过新加坡剑桥普通教育 O 水准考试的学生可以直接申请进入理工学院学习，等同于可以继续接受高等职业教育。当然，通过 N（A）水准和 N（T）水准考试的学生及一部分通过 O 水准考试的学生还可以有其他选择，为未来做好更加充分的准备，或是直接进入就业市场参加工作，或是进入工艺教育学院接受中等职业教育。

可以看出，新加坡的职普分流制度是在充分尊重学生能力与兴趣的基础上为学生提供的多种选择的制度政策，它为学生提供了个人发展的不同专业道路，并不是对学生进行接受职业教育的限定，而是为学生打通了职普融通的立交桥，实现了学生在普通教育、职业教育和就业方面的灵活选择，提升了职业教育的质量。

第二节　新加坡中等职业教育发展战略

前面已经提到，新加坡的中等职业教育工作主要由工艺教育学院承担，因此，本节内容主要对新加坡工艺教育学院的战略规划进行说明。工艺教育学院不但负责新加坡中等职业教育的学校教育工作，还承担着全国的技能认证与技能培训工作，是中等职业教育的绝对主体。可以说，工艺教育学院的政策变化决定了新加坡中等职业教育技能开发与发展的方向。

一、2000 战略计划（ITE 2000）

成立于 1992 年的工艺教育学院，从一成立就提出了 2000 战略计划，目的是在 20 世纪完成全国中等职业教育的统一发展，将工艺教育学院打造为新加坡中等职业教育的标杆。

（一）社会形象塑造

在新加坡社会的传统观念中，人们普遍对职业教育存有成见，认为只有学业成绩不佳的学生才会迫不得已选择接受职业教育。这种成见由来已久，主要是因为职业教育培养的是应用型人才，新加坡以往经济以劳动密集型的工业为主，产业工人的工作环境普遍较差、工资收入较低、社会地位低下，因此人们在提及职业教育时就会与这些联系在一起，使得从事职业教育的学校在社会上一直是负面的形象。但是随着新加坡经济的转型，进入20世纪90年代后，新加坡已经进入发达国家的行列，产业工人的工作环境已经发生了巨大的变化，这时候的职业教育人才培养目标与新加坡独立初期完全不同，因此，工艺教育学院提出要改变自身的社会形象。

工艺教育学院通过宣传接受学校培训后就业的企业员工的工作环境来改变人们对于接受职业教育后的工作状态的认知，努力向社会传达技术技能型人才的社会地位状况。同时还在学校中进行广泛的宣传，通过优惠的政策吸引有意接受职业教育的学生入校学习，主动争取优质的生源。还开设了专门的校园开放日，印制宣传材料，让社会公众真实地体验学校的办学理念与条件。以上策略在一定程度上改变了新加坡社会对于职业教育的认知。

（二）校园环境建设

提升学校的形象离不开校园硬环境与软环境的建设。工艺教育学院在2000战略计划中提出，要为促进学生成为具有高级技能且全面发展的人提供相应的校园设施，创造良好的文化环境。这里的学生实际上包含了两类人群，一类是在学校接受全日制教育的青少年学生，另外一类就是参加短期培训活动的企业员工。

校园硬件设施的建设主要集中在能够开展真实培训工作的仿真实验室、实训车间和教学材料上，这些设施主要是按照企业的标准进行购置的。而学校的软环境建设就是要培养学生终身学习的理念。新加坡当时的技术技能革新速度加快，学生需要不断更新自己的技能，并且在未来职场中需要学生自己来完成这种技术能力的升级，因此学校提出将社会能力、计划能力与生活技能融入课程教学中，以促进学生培养终身学习的理念。

经过几年的发展，工艺教育学院新建、翻修、改扩建了10个校区，规模不断扩大。进入21世纪以来，学校的宣传推广取得了良好的成效，逐步改变了人们对于职业教育的成见。工艺教育学院在2000年获得了新加坡政府授予的"人力发展标准"认证和"新加坡市场推广奖"①，这是政府在人才培养与职业教育形象塑造方面给予工艺教育学院的重要认可。

二、突破战略计划（ITE Breakthrough）

突破战略计划是工艺教育学院成立后的第二个战略规划，其目的是将工艺教育学院打造为世界一流的中等职业教育机构。在这个战略计划中，学校开始打破原有的课程体系与管理制度，改革自己的课程、专业、技能标准和教学模式，按照世界主流职业教育国家的标准来对自己的职业教育与培训工作进行升级改造。

工艺教育学院改造的现实原因是新加坡经济的持续转型导致对技术技能人才质量的要求发生了变化。单一固化的技能不符合当时社会产业发展的需要，学生在掌握专门技能的同时还要有公共的技能知识，所以学校要建立学习型的组织环境，让学生主动拓展自己的技能领域并获得广泛的商业和专业知识，培养探究精神。在教育方法领域，工艺教育学院提出了"设计—探究—实践—展演"（plan、explore、practice、perform，PEPP）的教学模式，强调学生的学习要在自我的计划下主动探索，并付诸实践，最后还要展示学习过程。

在这个时期，工艺教育学院还新建了在线学习系统，实现了各个校区之间信息的互通，同时也整合了学生校内使用的各种信息化应用系统，为学生的在校生活与学习提供了便利。

三、创优战略计划（ITE Advantage）

创优战略计划始于 2005 年，顾名思义，即工艺教育学院要成为世界中等职业教育的优势机构，引领世界中等职业教育的发展。

这个阶段的引领工作是基于专业引领的，也就是说工艺教育学院的专

---

① 华拉保绍. 新加坡职业技术教育五十年 [M]. 卿中全，译. 北京：商务印书馆，2018：8.

业设置要紧跟世界经济发展的方向，大量革新专业设置，将最新的产业领域纳入学校专业框架中。因为其他机构尚未开设这些新专业，研究如何开展新专业的职业教育与培训工作是学校这个阶段的主要工作。工艺教育学院在这个阶段创新研究专业的课程体系，开发了大量的新专业课程，还开发了专业文凭和技能证书，构建了工艺教育学院的标准体系。

此时，工艺教育学院对于人才培养的要求主要集中在以下两个方面。

（一）全球能力

现代社会已经进入全球化的时代，未来工作岗位的竞争不仅仅是国家内部的竞争，更是全球性的竞争，所以在日常的培养过程中要开始强调全球能力，让学生具备各种跨文化交流的能力。工艺教育学院提出要扩大自己的全球影响力，与更多的国际机构和跨国企业合作，使学生获得更多参与国际合作项目的机会。

（二）终生就业能力

经济转型必然带来企业的消亡与新生，那么学生未来作为企业的员工就必须具备终生就业的能力，不能因为职业岗位的变化而无法胜任新的岗位要求。所以工艺教育学院提出课程设计要有灵活性，要及时根据经济产业发展做出调整。同时，在师资方面，工艺教育学院鼓励教师创新课程教学方法，推进教师参与企业的合作与交流，帮助教师及时掌握产业动态。

四、创新战略计划（ITE Innovation）

进入 21 世纪的第二个十年，工艺教育学院又提出了创新战略计划，目标是要使学校成为职业教育创新的引领者。

2010 年后，世界经济开始从金融危机中走了出来，经济形势普遍向好，加之互联网的快速发展，世界各国之间的联系更加紧密，人们之间的信息交流也更加便捷通畅，依靠封锁信息来保持自己职业教育优势的策略已经不符合时代的要求。因此，工艺教育学院开始重新定义职业教育的教学环境与人才培养模式。通过深化与企业的合作，着力为学生提供真实的学习环境、真实的企业项目，确保学生能够真实体验未来工作岗位的环境文化。在这个过程中，工艺教育学院与大量的跨国企业签订了人才培养的合作协议，为学生出国实践实习提供了基本保障。在职业培训领域，工艺教育学院还精减培训流程，缩减课程时间，使学生在短时间内就可以获得技能资格。

五、开拓者战略规划（ITE Trailblazer）

开拓者战略规划是基于新加坡政府提出的建设先进经济社会的战略而提出的，目的是为新加坡的先进经济提供具有创新意识与创新能力的高技能人才。该规划主要包括两个方面：一是开拓创新就业渠道，要让学生面对不确定的社会发展过程时能够从容地进行选择，并能够成功地获得发展；二是为学生提供全职业生涯过程的技能体系。具体的实施措施如下。

（一）可变的课程体系

课程是技能培训的载体，新的技能就要求有新的课程体系，因此教师必须能够根据社会发展的趋势及时调整课程内容，力争让学生学到最新的知识。同时，还要扩大公共课程的教学比例，强化对学生未来就业过程中所需的基本职业能力与社会交际能力的培养，为全过程的职业技能体系构建提供基础课程的支持。

（二）信息技术融入课程教学与学习

现代信息技术已经开始对职业教育产生重要的影响，可以采用多种信息技术手段实现理论课程教学过程的趣味化与形象化，实践教学中则可以引入以虚拟仿真技术为代表的现代科学技术来丰富教学手段。学生的学习过程同样要打破以课程学习、真实项目实践为主的学习渠道，也需要采用广泛的学习载体实现泛在学习。学校搭建了各种教学平台，强化对教师与学生的信息技术支持，增强学生的学习体验感。

（三）强化全球性校企合作人才培养工作

工艺教育学院深知职业教育人才的培养工作是离不开企业的，只有企业、政府、学校共同合作才能培养出合格的职业教育人才。面对全球竞争，学校必须将跨国企业的企业培训制度与学校的人才培养工作结合起来，紧跟企业的培训理念，这既是提高培训效率的基本策略，也是提升学生就业率的重要策略。

第三节　新加坡高等职业教育全人教育战略

新加坡的高等职业教育由 5 所理工学院承担，负责新加坡整个国家高等教育层次的职业教育工作。5 所理工学院在人才培养过程中坚持全面发展的理念，强调现代职业教育中的全人教育，提出既要为学生提供技能教育教学，还要为学生的通用能力培养提供帮助。按照新加坡教育部的要求，所有的高等职业教育机构都要开展课程辅导活动，以帮助学生提升自己的学习兴趣与专业才能。这种要求完全契合现代职业教育人才培养需求，因此新加坡的理工学院在专业课程的教学活动中都为学生开设了丰富的课程辅导活动。

一、全人发展的理念推动课程辅导活动的开展

学生应全面发展，不是仅仅在某个专业领域或者某个学科的发展，也不仅仅是在就业能力上的发展。学生是社会的个体，必须参与集体活动，具备与他人顺利沟通、和谐相处的能力，同时还要能够不断地促进自我的发展。通过课程辅导活动，学生可以发现自己的兴趣和才能。课程辅导活

动还为学生提供了发展性格，以及培养价值观、社会情感能力和其他相关技能的平台，帮助他们为应对未来的挑战做好准备。

鉴于新加坡社会文化的多元性，理工学院在组织课程辅导活动的过程中常常将来自不同背景的学生聚集在一起，通过相互学习等互动方式，促进学生们发展友谊，加深他们对学校和国家的归属感，这些都是当前职业教育人才培养领域中急需的内容。

以南洋理工学院为例，其课程辅导活动就体现了对人才培养过程中人际交往能力的重视。南洋理工学院会提供多种机会培养学生的领导力和生活技能。学校通过活动帮助学生了解国家和世界的共同问题，激发学生对各种事业的热情，增强学生多样化能力，帮助学生全面成长。在这种理念下，学院会为学生提供参加比赛的机会，例如每年一度的理工学院校园运动会和理工学院体育运动会。[1] 此外，学院还通过让学生参加研讨会、讲习班、训练营，或与当地和区域机构的青年交流，来培养学生的人际交往能力。

二、课程辅导活动的实施

下面以南洋理工学院的课程辅导活动为例，对新加坡理工学院的课程辅导活动的实施进行介绍。

南洋理工学院为了推进课程辅导活动的体系化与制度化，进一步推进学校人才培养过程中的全人教育理念，建立了课程辅导活动积分系统（Co-Curricular Activities Points System，CCAPS）。该系统旨在表彰学生在非学术领域的成就，为学生的全面发展提供课程体系依据，反映学生参与校内外各种课外活动的情况，并鼓励所有学生参与到活动中。

南洋理工学院会提供专业的教师指导相关活动的开展。为了保证活动的质量，按照要求指导相关活动的教师必须经过教育部的注册与认证。具体包括以下人员：

（1）涉及校外活动的教练和教员；

---

① 资料来源于新加坡南洋理工学院网站。

（2）艺术及音乐教师；

（3）开展专业知识教学的教师；

（4）汉语与马来语教师；

（5）指导学生出国旅行的活动教师。

目前，南洋理工学院的课程辅导活动包括艺术与文化活动、学术俱乐部、社区服务与环境、体育与户外、领导力与个人发展、社会环境等。其中，艺术与文化活动中的华人文化团（Chinese Cultural Group，CCG），包括了中国舞蹈、声乐、戏剧和书法四个小组，为学生们提供了一个学习中国文化的平台，并为他们提供了更多了解新加坡华人的机会。该文化团还积极组织和参与南洋理工学院的各种活动，包括组织一年一度的华人新年庆典表演、年中舞台表演和书法课，以及参加学校开放日、国庆庆典和艺术节等，这些活动拓展了学生的社会交际能力与文化理解力。

第四章

新加坡中等职业教育

新加坡的职业教育主要包括四个方面：以工艺教育学院为主的中等职业教育、以 5 所理工学院为主要实施机构的高等职业教育、学徒制培训、成人与继续教育。[①] 工艺教育学院与理工学院是职业教育全日制人才培养的主要机构，同时还承担着多种形式的在职培训工作，而学徒制培训、成人与继续教育则主要负责在职培训活动。

本章主要对新加坡的中等职业教育进行介绍。工艺教育学院是新加坡公立职业教育的管理与教学机构，直属于教育部，它的使命是通过卓越的技术教育与培训，最大限度地激发新加坡劳动者的潜能，提高新加坡劳动者的素质。工艺教育学院从建立至今，经历了新加坡社会的否定、不认可、重视等不同的阶段，但无论工艺教育学院在新加坡社会中的口碑如何，它都为新加坡的经济发展、人才培养培训工作做出了巨大的贡献。现如今的工艺教育学院不仅被新加坡社会广泛认可，还受到了全球职业教育界的普遍关注，成为新加坡职业教育机构的重要代表之一。

[①] Bin Bai, Paryono. Vocational Education and Training in ASEAN Member States [M]. Singapore: Springer Nature Singapore Pte Ltd, 2019: 181.

第一节　工艺教育学院的体系结构

一、工艺教育学院的历史

　　新加坡政府于 1992 年 4 月将原职业与工业训练局转设更名为工艺教育学院，并将其确定为管理与实施中等职业教育的主体机构。究其原因是社会上对于"职业"（vocation）、"训练"（training）存在严重的偏见，认为只有那些学业失败的人才会被分流去参加职业与工业训练局的相关学习与培训。而"工艺"（technical）则意味着熟练的技术技能，在当时代表着新兴产业中的新技术、新技能，代表了未来，这不但有助于吸引更多的学生来学习，还可以更好地反映中等职业教育的功能。

　　这里需要说明的是"technical"的翻译问题，在新加坡中等职业教育层次的华语表达中，一直是将其翻译为"工艺"，但其内涵与我国所说的"职业技术"是一致的。当然，"technical"在新加坡高等职业教育的语境中一般又被翻译为"技术"。总之，无论在新加坡职业教育的哪一个阶段，无论"technical"译作哪个中文词汇，它都等同于我国职业教育领域的"职业技术"这个概念。

二、工艺教育学院的人才培养制度

　　工艺教育学院是中等教育层次的职业教育机构。在工艺教育学院学习的学生，毕业后会依据所学专业和课程水平获得 Nitec 或 Higher Nitec。这种证书只有工艺教育学院才有资格颁发，它也是学生后续进入更高层次的教育机构或直接参加工作的重要资格认证。

　　工艺教育学院一般招收初中毕业生，可以根据专业、学制（全日制或非全日制）、毕业技能等级要求等因素设置相关专业和项目的学习年限。工艺教育学院除了向学生提供全日制的职业教育活动，还为在职员工等成年人提供在职培训、短期培训和技能证书的培训。

三、工艺教育学院的管理制度

工艺教育学院在建设初期吸纳了很多职业院校、技术中学等中等教育机构，并不断地扩大规模。直到 2005 年转型，工艺教育学院形成了"一制三院"的管理与办学模式，并将其英文名称更为"ITE Colleges"。这种"一制三院"的管理与办学模式实行同一种管理制度，在三个不同的区域开展中等职业教育活动，由此将原来开设中等职业教育课程的主体全部集中到固定的区域。

目前，工艺教育学院包括中区（ITE College Central）、东区（ITE College East）和西区（ITE College West）三个院区。各个院区成立后都进行了大规模的基础设施建设，改善了院区校园环境。工艺教育学院的总部位于中区院区，负责整个工艺教育学院的协调工作。这种管理制度的创新与学校环境的变化有助于改变人们对于工艺教育学院的传统认识，也有助于提高学生自己对于中等职业教育与学校的认可度。目前工艺教育学院的"一制三院"制度已经成为新加坡中等职业教育的靓丽名片。

具体来说，工艺教育学院的三个院区负责不同职业教育领域的教育与培训。中区设有工程学院、电子信息通信技术学院、商业服务学院、媒体设计学院等四个学院。东区聚焦企业创新，下设工程学院、电子信息通信技术学院、商业服务学院、应用科学与健康科学学院等四个学院。西区下设工程学院、电子信息通信技术学院、商业服务学院、酒店学院等四个学院。可以看出，三个院区在专业设置方面既有重合又有区别，即每个院区都有三所同样的学院，同时又有一所与其他院区不同的特色学院。虽然三个院区重合的这三所学院在名称上是一样的，但是这些学院在专业设置、特色发展方面又是错位的，都有各自的特色与优势。

第二节　工艺教育学院中区院区的职业教育

一、中区院区概况

中区院区是工艺教育学院最晚开始运行的院区，于 2013 年正式运行，位于新加坡中北部的宏茂桥（Ang Mo Kio）。中区院区将培养学生的创造力与创新力作为办学目标，下设了四所不同的学院，通过为学生提供广泛的专业课程来满足学生不同的需求与兴趣选择。中区院区引以为傲的是为学生的知识学习与技能学习提供了真实的学习和训练的环境与条件。例如，中区院区为了发展学生的实践能力，购置了波音 737 客机和轮船船体，创建了幼儿培训中心，搭建了用于表演的专业舞台，通过这些真实工作所需的设备和场地来满足学生的实训需求。

（一）领导机构

中区院区设置了强大、专业的董事会团队为学院的发展提供各种服务保障。这里的董事会团队不同于工艺教育学院传统意义上的董事会，它并不只是完全的决策机构，还具有服务性质。目前董事会团队共计 19 人[1]，董事会的负责人也是中区院区的校长，其余成员包括 1 名副校长、四所学院各自的 1 名负责人和 13 位中区院区办公室行政人员等。董事会的主要工作除了负责决定学院发展的政策外，还为教育教学、学生发展提供各种专业学习和生活上的服务工作。

（二）专业与课程设置

中区院区下设的四个学院根据各自专业的特点为学生提供了非常完备的实训实习的设施条件。例如，工程学院可以提供紧跟行业最新变化的专

---

[1] 资料来源于工艺教育学院中区院区网站。

业课程，还提供了多种形式的国内外工程实践实习与实训工作任务，为学生未来从事工程服务与制造业相关的职业做好准备。另外，中区院区的课外活动有 90 多个，包括艺术、社区服务、环境、创新与企业、领导力、个人发展和体育等 7 个发展领域，学生可以通过多样化的课外活动来提升自己的社会技能。

二、中区院区工程学院的职业教育活动

工程学院为了培养具有航空工业专业技术能力的人员，设有航空航天实验中心，中心配备了多种飞机机身平台，例如贝尔 UH-1H 直升机、S211 喷气式教练机，以及庞巴迪 24B、波音 737 等私人飞机或民用客机。[①]这些设备都可以让学生真实地感受飞机的外部与内部构造，为学生提供了体验未来真实工作环境的机会。同时，中心还配备了各种飞机发动机，以培训学生在飞机发动机检查、维修和拆装方面的技能，并提高学生在从事飞机维修职业时的多种能力。

为培养学生使用现代机器设备的能力，工程学院设置了自动化实验中心，中心配有机器人编程、气动和液压应用、自动化系统维护和电气安装的培训设施。该中心坚持通过校企合作的模式培养学生，邀请瑞士 ABB 公司和德国博世等行业顶尖公司参与制定相关课程，并为学生的技能提升和相关培训提供指导意见。

工程学院还建立了海事实验中心，设立了海事培训实验室、综合海上技术实验室和海洋工程质量实验室，用于海洋和海上工程培训。海事实验中心可以提供常见的海运船舶结构，包括部分船体、油箱舱、船用发动机和辅助设备。还有一个可以实现全任务的船用发动机模拟器，供学生模拟船用发电厂的实际操作。

此外，工程学院还设有精密工程实验中心和智能制造实验中心。精密工程实验中心由两个专业实验室组成，配备了航空航天、多轴加工、激光成型制造系统，另设有五轴"通用加工中心"，用于根据工业 4.0 的需求

---

① 资料来源于工艺教育学院中区院区网站。

开展对学生的相关技能更新的培训。智能制造实验中心为学生在机器人编程、智能传感器、液压应用、自动化系统和电气安装等领域的设备维护提供了一个真实的学习环境；配备了智能管理系统，可远程查看车间并操控大规模生产的机器；提供了有关货物进出港口、设备材料出入口和仓库存储的信息管理系统，以便让学生真实地感受工作过程。

三、中区院区电子信息通信技术学院的职业教育活动

电子信息通信技术学院通过游戏、实验的教学方式帮助学生成为动态学习者和问题解决者。为了帮助学生在探索的过程中解决现实生活中的问题，该学院也同样提供了丰富的设备让学生体验到更好的实训。

首先，电子信息通信技术学院建立了游戏与虚拟现实中心，该中心利用先进的虚拟设备，采用基于团队的学习方法促进学生之间的合作学习。中心设有六个学习区域，每个学习区域都配有虚拟现实系统和 3D 电视。中心的虚拟现实系统和设备有助于学生在体验虚拟现实的过程中同步学习，通过共同讨论、协作来构建自己的知识体系，提高自我的技能水平。

其次，电子信息通信技术学院还根据工业 4.0 的发展趋势建立了物联网实验中心。该中心是一个高科技体验实验室，供学生探索各种类型的物联网技术的测试、安装和部署，主要在零售、建筑、水资源和交通管理领域开展实验与培训工作。该中心实际上是为学生创设了一个模拟环境，让学生在学校就可以体验到物联网不同类型的工作内容。

再次，电子信息通信技术学院为了配合半导体行业的发展，满足先进技术发展需求，还建立了微电子培训中心。该中心拥有全面的半导体加工设备、计量工具和配套设施，为微电子行业的学生提供培训工作。中心还配备了晶圆加工设备和计量工具，用于晶圆制造加工、测试和故障分析。

最后，电子信息通信技术学院还建设了 3D 应用技术、沉浸式技术实验、海事电子系统训练和生产控制实验室等培训中心。其中，生产控制实验室是模拟广播和媒体行业的控制系统和虚拟监控室，配备了媒体行业所需的设备仪器，包括切换器、监视器、广播视频控制系统等，可以供学生根据各种制作要求开展实验。

四、中区院区商业服务学院的职业教育活动

商业服务学院主要通过一系列专业课程，让学生认识全球市场中高速发展的高科技企业，使学生掌握为客户提供优质服务的艺术与技巧，并发展学生的创业技能。商业服务学院的主要办学设备也较为丰富。

商业服务学院设有幼儿培训中心，该中心下设两个实验室和一个儿童保育中心。两个实验室中，一个主要开展科学、艺术和技术领域的培训，另一个则是聚焦在音乐和戏剧领域。儿童保育中心则开展实践培训，帮助学生为未来从事的幼儿教育事业做好准备。

商业服务学院有一个名为 ITE Epitome 的零售创新与培训中心，可以向外界展示工艺教育学院的技术、产品和服务。学生可以在此处接受培训并参与实习工作，从而能在真实的商业环境中工作并与客户互动交流。目前该中心提供美发、配镜、电脑游戏服务、IT 服务、咖啡馆、花店等六个方面的一系列产品和服务。

健身房与人体机能实验室是商业服务学院的特色实验室，专为体育管理专业学生设计。该实验室配有符合行业标准的针对人体健康和健身进行测量、测试和评估的设备，并提供了一个专业的平台，让学生在学校就可以使用这些先进的测试技术，以此帮助学生掌握当前健康、健身行业所需的设备使用技能。

商业服务学院紧随社会生活服务领域的发展形势建立了花卉培训中心，用于提供花卉的设计、布置、展示、销售，以及为客户服务的实践培训。该中心完全复刻市场上的花卉商店，与真实的花卉商店布置一致，并配备了 20 个不同样式的花卉展览馆，供学生在探索不同活动和环境的花卉展示时发挥创造力，以及学习维护、保养鲜花和包裹花束的技术技能。

另外，商业服务学院还建立了零售培训中心、商务礼仪和美容培训中心。零售培训中心旨在模拟实际的行业设置需求，为零售运营和视觉营销培训创造一个现实的零售环境；商务礼仪和美容培训中心为学生在未来商业创业与服务方面提供礼仪、规则和设计等方面的培训。

五、中区院区媒体设计学院的职业教育活动

媒体设计学院是中区院区独有的特色学院。该学院旨在为学生提供实用、逼真、多样的设计和媒体技术技能，使学生能够把握流行趋势，掌握现代创意产业不断变化产生的知识与技能，为此该学院配备了多样化的实习实训中心。

根据新媒体技术的快速发展，媒体设计学院设立了以新媒体技术为培训核心的卓越新媒体中心。该中心是一个创意设计和教育培训中心，提供主流动画技术和视觉效果设计的培训，以及相关专业软件的大师班培训，学生在这里可以使用当前主流的专业软件进行动画制作。该中心可直观地将 2D 和 3D 动画制作的全过程展示给学生，使学生熟悉行业的工作流程。

媒体设计学院还搭建了专业的有声摄影棚，摄影棚按照专业标准进行打造，主要为戏剧电影制作和电视剧制作提供设备设施，用于培训学生摄像、照明和剪辑方面的技术技能，以满足他们未来在电影和视频制作行业的工作需求。同时，还购进了一个实用的培训设施展演黑盒（Blackbox），可以供表演制作专业的学生在运行、实验项目的过程中使用，该设施配备了自动照明格栅和移动式露天看台，其灯具和音响设备是可移动的，可以根据培训与运行的需要进行自由装配。

作为培训媒体技术的专业机构，媒体设计学院还建有剧场、空间设计演播室、数字化图形制作室、视频剪辑工作室和服装设计工作室。其中，剧场是模拟真实电影院创建的一个配备了多种功能的实习实训场所，内部购置了多种专业软件可以进行后期视频的制作。剧场除了开设有专业的大师班，它的主要特点是可以根据视觉效果和动画制作要求为学生提供色彩校正和评分培训。一些虚拟的电影模型制作也可以在剧场中实现，还有供学生进行电影电视后期制作的专门场所和相关的设备设施，让学生可以亲身体验新媒体技术。

第三节　工艺教育学院东区院区的职业教育

一、东区院区概况

东区院区是工艺教育学院三个院区里最早开始招生运行的，位于新加坡东部樟宜机场附近的四美路（Simei）。东区院区的理念是让学生不仅要接受与行业相关的培训，使他们在毕业后能够使用自己的知识与技能充实自己的职业生涯，同时还要培养他们的创新和进取精神，使他们能够在自己的职业生涯中不断进步。

东区院区同样设有董事会团队，包括东区院区的 1 名校长，四所学院各自的 1 名院长、2 名副院长，学院服务部的 1 名部长、2 名副部长，项目部的 1 名部长，共计 17 人组成了东区院区的董事会团队。

二、东区院区工程学院的职业教育活动

东区院区的工程学院坚持创新地应用工程解决方案，以为工作、生活创造更好的环境为理念，向学生提供与市场相关的工程课程，使学生在一个真实的培训环境中学习，培养学生的创造力和创业精神，帮助学生建立正确的价值观，学习技术、方法，锻炼社会能力，使学生能够适应全球经济不断变化的需求。

与中区院区的工程学院不同，东区院区的工程学院更加关注城市建筑工程领域的培养与培训。

（一）工业工程教育

面对工业 4.0 的挑战，工程学院建立了自动机器人实验中心。该中心以工业应用概念为蓝本，重点关注工业自动化、机器人和现代制造业对学生技能发展的要求。它还培养学生在工业 4.0 技术方面的普遍性技术能力，使学生可以习得操作工业 4.0 系统和机器人制造的技能。

工程学院还建有建筑环境中心，旨在为学生提供不同类型的现代建筑系统及其集成方式的全面培训，以实现智能控制和提高能源效率。学生在这里学习安装、操作、故障排除和维修建筑系统中使用的各种类型的建筑设备和控制装置，例如冷冻水系统、火灾探测和保护系统、游泳池系统。学生还可以学习如何将这些系统与楼宇管理系统软件进行集成统一处理。

工程学院还与企业合作建立了江森自控建筑技术与解决方案实验中心。该中心是江森自控（Johnson Controls）公司在工艺教育学院设立的一家校企合作性质的培训中心，旨在为学生提供满足智能生活环境中新兴需求的技能培训。随着现代社会中数字化应用的普及，现代建筑变得更加智能，该实验中心的培训有助于学生掌握最新的知识和技能，学习现代建筑系统的解决方案和技术。此外，该中心还是职业教育教师开展探索、革新和试验新教学法的实践基地。

（二）城市建设工程职业教育

作为城市建筑的重要组成部分，号称"花园城市"的新加坡对于城市景观设计极其重视，因此，工程学院还创建了景观庭院实验室。该实验室将现实生活中的景观与庭院进行模拟后搬入校内，共设计了4个区域，包括景观庭院、城市绿化中心、园艺中心和苗圃。该实验室可以提供植被高空修剪作业、城市基础设施高空维护等培训活动；有5米长的绿墙和3米高的瀑布，可以模拟不同的城市景观环境；城市绿化中心区域提供城市绿化管理的新兴技术和设备，学生可以使用无人机和声波断层仪等设备进行树木评估的训练；苗圃区域可以让学生学习堆肥。这里的教室直接连通户外训练区，学生能够在学习理论的同时及时到户外付诸实践，实现理实一体化教学。

现代城市建设工程中，建筑物的电梯是非常重要的组成部分，工程学院为此组建了垂直运输实验室，旨在为学生提供电梯和自动扶梯系统环境设计、安装与维护的培训。该实验室中建设了一个6层的电梯模拟器，学生在对现实生活中实际电梯和自动扶梯的系统动手操作之前，可以全面了解电梯系统的工作原理，这样更加有利于提高他们未来接受培训的效率。

此外，工程学院还成立了智能生活实验中心、声影实验室、设计与制作实验室，与上文所述的实验室都聚焦在城市建设工程方面，这是东区院区的工程学院与其他院区的工程学院形成差异化、错位发展的策略，其工程教育集中在现代城市建筑物的工程建设领域，主要围绕如何为新加坡人提供更加健康、安全、绿色、节能的生活设施与建筑物开展工程技术教育活动。同时，工程学院校企合作型实验中心的合作企业江森自控公司在建筑物自动化管理系统领域具有标杆地位，可以及时为学生带来更新、更专业的行业信息，学生所学的知识与技能是当前社会前沿的专业技能，这有利于学生在未来就业中具备更多优势。

三、东区院区电子信息通信技术学院的职业教育活动

东区院区的电子信息通信技术学院围绕电子设备和系统、新技术、网络和网络安全或网络应用程序进行了专业设置。通过与当今数字技术相关的知识学习与技能培训，帮助学生提高自己的专业技术技能，练就稳定熟练的数字化技术技能。围绕数字化技术技能的培训，电子信息通信技术学院以多样化的实验中心为依托开展了广泛的专业技能培训。

（一）数字化领域的职业教育

数字化的发展为社会发展提供了更多的可能性，也为学生的创业提供了机会。电子信息通信技术学院创建了电子创客空间，可以为学生提供一个多元、自由创作的环境，让他们将电子产品作为一种创造性的媒介和工具，为自己未来创业提供思路，为新加坡创设智慧型国家提供创新和探索性的解决方案。无论学生在工程技能层面取得了何种资格证书，这种自由的创作环境都可以帮助学生建立创新创业的信心和机会。这种探索性平台专注于时下流行的尖端电子技术和创新工具，为学生之间的合作性创新提供了一个舞台。

数字化发展还带来了虚拟技术的更新，为了更好地解决虚拟技术与现实职业教育的关系，电子信息通信技术学院建设了混合现实中心（Mixed Reality Centre）。当前，虚拟现实应用程序已经在各种行业技能培训中被不断地应用，未来劳动力急需掌握相关的技术与理念，而混合现实中心可以为职业教育培训提供身临其境的体验。该中心的设备可以对培训客体进行虚拟化处理，在现实生活中无法接触到的内容可以在这里实现可视化，方便了学生对真实情况的直观感受。该中心还模拟了地球上各种灾害预防和恢复培训的环境条件，若没有虚拟技术的支持则很难让学生进行现场体验，所以该中心的建设为学生们提供了与现实生活一致的培训过程。另外，当现实生活发生变化后，该中心的设备可以对系统内容进行更新，方便学生掌握新理念、新内容、新方法。

（二）校企合作的电子工程教育

电子信息通信技术学院有一个名为 iLab@CE 的智能实验室，该实验室旨在为教师提供一个自由学习与创作的空间，帮助教师探索新技术在职业教育中的应用，开发和试验新的教学方法和活动。另外，该实验室还开发了创新教学项目与模式来丰富职业教育教学活动。这是工艺教育学院为提升职业教育的教学效率而为全体教师提供的实验平台，是为教师的专业发展而专设的发展平台，这体现了工艺教育学院在重视学生学习的同时还关注着时代变化对教师技能的新要求。

在电子信息通信技术方面，工艺教育学院与韩国三星公司合作建立了三星科技实验中心，并将中心设置在了东区院区的电子信息通信技术学院。该中心旨在为学生提供一个真实的学习环境，整合行业职业岗位要求标准，对职业教育课程进行修订，以此为参加新加坡电子信息技术专业技能认证考试中的学生提供培训任务。该中心主要以项目的方式让学生在解决问题的过程中完成对新兴技术的学习，例如以客户为中心的服务项目、商业广告和市场营销项目等。此外，实验中心可以帮助学生提升维护客户关系的能力、服务新兴移动设备建设的能力，以及维修、测试和测量电子通信设备的能力。总之，学生在三星科技实验中心可以按照行业领先的标准来拓展自己的知识与技能，打破单纯以学校课程为基础的学习培训方式，实现职业教育的产教融合。

四、东区院区商业服务学院的职业教育活动

（一）职业教育理念

东区院区的商业服务学院坚持"客户至上"的理念，围绕商业服务、生活方式和健康领域，培养乐于服务、创新服务、自信服务的专业人员。新加坡作为重要的旅游国家和国际航空航运中心，每年有大批来自世界各地的人士从事商业活动或旅游，商业服务质量直接影响着新加坡的国际声誉。商业服务学院培养具有良好技能的专业人才，既是职业教育的必然要求，也是服务国家需求的使命责任。在这种背景下，商业服务学院建设了多个围绕国际贸易而成长起来的专业领域实验中心。

（二）航空与物流

作为航空客运的重要中转站，每年有超过 5 000 万人次在新加坡转机、乘机。商业服务学院为此建立了机场高级休息室实验中心，旨在有效培训各种航空客户服务相关技能，让学生在校内就可以按照航空公司的服务要求来开展实训任务。在这里，学生可以练习与检验自己的专业知识与技能，例如核实乘客的旅行证件、了解不同类型的安全措施和处理程序、学习一些安全检查的知识与技能，从而获得运营高级休息室及提供餐饮服务的技能。

现代商业服务离不开物流服务，随着现代通信技术和交通工具的更新与发展，人与人之间的沟通方式与时效发生了重大变化，物流行业在其中也起到了巨大的作用，物流行业的人才培养也受到了商业服务学院的重视，因此建立了物流技术实验中心。该中心的目的是培养培训能够从事物流行业的专业人员。学生在这里可以学习相关的理论课程，练习现代自动化仓库管理所需要的技能，这些技能涉及免提可穿戴设备、自动分拣系

统、无人驾驶机器人、物联网系统使用、管理数据分析等。学生掌握这些设备和技术的目的是为了进一步提高管理的效率，更好地为客户服务，实现利润的最大化。该中心可以将学术性的理论课程与体验式学习相结合，学生能够通过跨学科的方法和活动，探索和运用他们的知识和技能来解决实际问题。

（三）健康与美容

随着现代社会的快速发展，人们对自我外在形象的要求不断提高，借助医疗技术可以实现对美的渴望。新加坡作为发达国家，其人民生活水平普遍较高，基本的衣食住行早已解决，有更多的时间与条件来关注自己的外貌，因此，新加坡的医疗美容行业发展较为迅速，商业服务学院就根据市场需求建立了医疗美容培训中心。该中心是专门为学习美容、健康、护理专业课程的人员建立的，主要包括美甲和化妆工作室、面部和身体治疗工作室、美容和健康水疗室。该中心的目的是使学生掌握当今美容市场中的各种相关技能，提高学生的培训效率。

除了面部与身体的美容之外，发型设计也是美容行业重要的组成部分，商业服务学院为此专门成立了发艺设计培训中心。该中心根据市场中美发行业的类型分工，下设了发型工作室、化学治疗工作室、洗发工作室和头发水疗工作室，每个工作室负责培训不同的美发技巧，实现美发技能的专业化与精细化。此外，该中心还根据市场实际设置了摄影工作室、咨询区和美发水疗 VIP 套房 3 个辅助工作室。这种结构完全是按照市场的实际情况设置的，这样有助于学生进入职场后快速消除陌生感，快速适应工作岗位要求。

现实生活中，人们对健康的管理往往是综合性的，既包括了健身、美容美发，还有对饮食、娱乐休闲、健康生活方式的追求等。商业服务学院从市场需求出发建立了健康管理实验中心，主要是为学生提供一个真实的培训环境，中心汇集了美容、美发和健康管理的主要内容，融合了服务理念与技术支持两个方面的培训，学生可以体验到在综合的环境中为客户服务的真实情况。该中心提供了全方位的美容治疗服务、男士理发、美发沙龙服务等，还进行新技术、新方法的研究并付诸专业实验。同时，该中心提供专业的设施来模拟各种专业健康服务机构的运营，不断提升学生为客户服务的经验，为学生进入真实的工作环境做好更充分的准备。

商业服务学院还建有公司特色发展、人体机能评价和物流服务等实验培训中心。这些实验培训中心都是基于学院发展的理念而建立的，聚焦在公司特色管理、健康服务与管理、航空服务与物流三个行业领域，尤其是航工服务与物流领域的培训吸引了世界各地的学员前来学习，为新加坡良好的航空运输声誉提供了强有力的人才支撑。当然，商业服务学院同其他学院一样，做到了与其他两个院区商业服务学院的错位发展，避免了直接的竞争，可同时为新加坡的商业职业教育发展提供重要的培训力量。

五、东区院区应用科学与健康科学学院的职业教育活动

应用科学与健康科学学院是东区院区的特色学院，是具有强烈市场定位特征的个性化学院。该学院坚持实践导向的课程体系建设，根据市场发展趋势不断调整课程定位与教学内容，形成了以就业市场为目标、以实际需求为方向的现代职业教育课程体系。该学院的培养培训活动力求使学生在未来动手操作过程中保持思考，在开展脑力劳动的过程中保持对社会的同情心。可见，该学院的职业教育既重视理论与实践的统一，还重视学生的人文素养和社会价值观的塑造。

（一）老年人服务教育

随着新加坡逐步步入老龄化社会，老年人的护理与健康逐渐成为较为突出的社会问题，新加坡政府对于老年人的健康服务提出了很多新的要求与需求，与老年人服务相关的工作岗位也有着巨大的潜力。作为紧跟社会市场发展的职业教育机构，应用科学与健康科学学院及时开设了与护理相关的专业来培养专门的技术技能人才。学院为护理专业配套建设了社区护理培训中心（Community Care Training Centre），以帮助学生在真实场景中学习护理理念、提升护理技能。该中心配备了现实生活中疗

养院和康复中心的标准固定设备和配件，例如病房、辅助洗浴设施、康复设施、娱乐区和能够满足老龄人士的特殊需求场所。此外，该中心还配有食品储藏室和用餐区，以及供老年认知障碍患者回忆、交流的场所。该中心有助于学生在真实环境中学习和践行护理、心理治疗和物理治疗相关的技能，还有助于学生为未来从事社会服务与个人生活助理等相关的职业做好准备。

（二）公共卫生健康与医疗保健

食品安全问题一直是各个国家非常重视的一个社会安全问题，食品安全既是全社会的共同议题，又是个体健康生活的基本要素。所以，无论是从国家发展还是从个人生命健康的角度来看，食品安全都是人类社会健康稳定发展的基础条件。新加坡对食品安全的要求严苛，其标准在全球范围内处于领先地位。根据市场的需求，应用科学与健康科学学院创设了食品加工生产相关的专业，同时创建了食品加工实验室，开展职业教育的实训工作。食品加工实验室是参照中等规模的食品加工企业建设的，主要在食品加工与检测领域为学生提供设备操作与维护、产品分析与测试等动手练习的仿真环境。学生既可以在实验室里了解食品科学的理论知识，还可以使用实验室的设备和用具进行科学实验。实验室有助于促进学生进行基于现实的真实学习，以熟练掌握食品生产与质量评估所需的技能。

医疗保健是人们健康生活方式中的重要组成部分，也是当今社会健康产业发展过程中的主流趋势。作为发达国家的新加坡，为了给人们提供更高水平的健康生活方式，快速发展医疗保健产业。应用科学与健康科学学院作为医学健康产业人才培养的重要基地，建设了医疗保健模拟训练室来提升学生的实践技能。该训练室是为了模拟护理的真实情况而建造的，在这里开展的训练项目通过使用模拟的高保真人体模型，让学生真实感受人体机能的特点。该训练室不仅可以让学生体验到医疗保健的真实工作程序和操作规范，还可以使用先进的培训设施真实地模拟意外或特殊的医疗事件，让学生体验在医疗保健过程中可能出现的突发事件，锻炼学生的应急能力，促进学生提升在不同场景中的护理技能。此外，该训练室还可以模拟多种环境，使学生能够体验到未来工作中可能遇到的多种医疗事件。在这种近乎真实的环境中开展教学，可以训练学生达到更高的职业准备水平，以满足市场对劳动力日益增长的知识与技能需求，满足现代社会多元化就医需求。

在现代社会，人们使用眼镜的频率非常高，眼视光领域的专业人才竞争激烈。为了培养学生在眼视光专业领域的商业运营及专业检测的技能，应用科学与健康科学学院建设了光学配镜运营与培训实验中心。该中心按照光学配镜行业标准布置了各种仪器设备，模拟真实的商业场景，锻炼学生在商业运营领域所需的技能，同时还为学生提供镜片切割技术、光学配镜零售管理、基本眼科光学测试技术方面的培训。

（三）真实学习活动训练

为了让学生真实感受应用科学领域的企业工作环境，应用科学与健康科学学院还成立了真实学习车间（Plant for Authentic Learning）。该车间按照企业车间的标准设计布置，主要开展药物制作过程的专业训练。其中的化学工艺培训车间还配备了工业实验中常用的小规模化学实验装置与设备，可以为药物制剂的实验提供专业化平台。在该车间，学生可以真实感受产品生产过程中对压力、温度和时间等要素的控制，在校内实现校外企业培训的实践效果，减少培训过程中的资源浪费，提升培训效率。

作为东区院区的特色学院，应用科学与健康科学学院还设有更多丰富的实验与培训中心，例如分析化学实验室、制药工艺实验室、生物制品工艺实验室、微生物实验室、辅助医疗模拟实验室等。由此可以看出，该学院紧紧围绕应用科学的相关领域开展健康生活服务方面的教育培训活动，同时在化学工艺，尤其是与人类健康安全密切相关的制药领域建立了各种专业的实验室，为新加坡的健康产业人才培养做出了巨大贡献。

第四节　工艺教育学院西区院区的职业教育

一、西区院区概况

西区院区位于新加坡西部的蔡厝港（Choa Chu Kang），于 2010 年开始正式招生运行，目前有 8 000 余名全日制学生、5 000 余名非全日制学生、700 余名各种专兼职员工。该院区有领先的培训设备，并建有酒店、多功能餐厅和数字商业实验室。

西区院区的董事会团队包括 1 名校长，工程学院、电子信息通信技术学院和商业服务学院三所学院各自的 1 名院长、2 名副院长，酒店学院的 1 名院长、1 名副院长，学院服务部的 1 名部长、2 名副部长，项目部的 1 名部长，共计 16 人。

二、西区院区工程学院的职业教育活动

西区院区的工程学院面对数字化转型，积极培养学生与快速交通技术相关的汽车自动驾驶、机电一体化、工业编程等行业所需的技能。工程学院的教师拥有丰富的行业工作经验，对于现代产业发展的趋势有着深刻的认识，可以为建设工程、社会交通技术领域的培训提供专业指导。在优秀师资的引领下，工程学院建设了一批设备先进的实验中心。

（一）城市工程教育

现代城市建筑对气温、空气的要求需要现代科学技术与设施的支撑。新加坡属于热带海洋气候，常年气温较高，湿度较大，在各种建筑物中都需要通过空调设备来保持室内适宜的温度，所以在新加坡从事与空调有关工作的人员较多，为此工程学院建立了空调和制冷实验室群（Aircon & Refrigeration Labs）来培训相关专业学生。该实验室群下设制冷系统、商用空调和空调技术等专业实验室，可以为设备技术安装、建

筑环境和设备管理等专业的学生提供全面的培训。掌握制冷系统的操作与管理是参与空调专业相关任务的必备技能，这些实验室可以为学生提供多种不同环境下的操作系统培训，实现多种形态的培训内容。根据从事空调行业的人员的反馈，未来职业岗位需要学生具备精确控制温度、安装和维护不同类型的住宅和商业空调系统的实践技能，多样化的实验室群可以模仿这些不同类型的环境与设备，满足未来工作岗位多样化的需求。

现代建筑物普遍较高，加之新加坡国土面积狭小，人口密度极高，很多建筑物的高度问题相较于其他国家更为突出，很多房屋都属于超高型建筑，因此高空作业在新加坡很是常见。为了锻炼学生的高空作业技能，工程学院建立了安全健康工作实验室（Work, Safety & Health Laboratory）。该实验室主要为机电服务、设备管理等专业的学生提供培训，同时还为电子信息通信技术学院的学生提供相关实践课程。该实验室专注于高空作业和移动性高空支架工作平台，针对学生开展工作场所安全和健康的规范要求与技能操作的实践训练，通过现场教学向学生展示高空作业的知识与技能，以确保学生在未来工作场所的安全。学生的主要训练内容包括在高空作业时确定自我的角色和责任并遵循安全工作程序，以及在高空作业和应对紧急情况时如何采取相应的风险控制措施。

（二）现代媒体设备与技术培训

对于现代影音娱乐设备领域的专业人才培养，工程学院也同样以校企合作的模式开展。该学院与森海塞尔公司（Sennheiser）共同建造了森海塞尔音响学院，还与斯坦伯格公司（Steinberg）创建了斯坦伯格培训中心，这两个培训中心都拥有高度专业化的、独具企业特色的顶级声像设备，并为培训中心配备了前沿的照明和音响工具，这些工具当前在现代娱乐产业中被广泛使用。由于企业的参与，这些培训中心与外部企业设施设备的一致性水平更高，为受训学生提供了一个真实的学习环境。这两个培训中心还鼓励学生在课堂之外发挥自己的能力，尤其是发挥灵活处理重大突发事件的能力。与世界行业领先企业合作建立培训部门是新加坡工艺教育学院在学生培训过程中的重要策略，这样既可以为学生提供最新的行业技能标准，还可以提升学生参与培训的积极性。

（三）现代交通设施工程教育

现代交通设施在建设过程中和建成后运行时，在信号规则、信息处理领域的任务也是非常繁杂的，针对这些领域的专业人才开展培训活动也是工程学院培训体系中的重要组成部分。工程学院在此领域的实验室也同样引进了行业企业参与创建，学院与新加坡本土的交通运输服务行业的领先企业 SMRT 公司合作建立了快速交通信号与通信实验室（Rapid Transit Signal and Communications Laboratory）。该实验室是新加坡第一个此种类型的教育实验室，配备了一段模拟列车、铁轨和相关配套工具的设施设备，主要为快速交通技术专业和高级快速交通工程专业的学生提供实践条件，学生可以在这里检查、诊断和纠正快速交通列车运行中的故障和系统等问题。[1]

工程学院还建有与轨道交通的基础设施有关的专门实验车间，即车辆与轨道线路车间（Rolling Stock and Permanent Way Workshop）。这个车间也拥有一段模拟列车、铁轨和相关配套工具的设施设备，目的是帮助学生掌握排除、检修快速交通列车运行中发生的故障和系统问题的知识和技能。同时还会对学生进行相关理论知识的教育，使学生了解最新的铁路工程标准、规范、操作要求和法规，从整体上掌握现代轨道交通的相关知识与技能。

（四）汽车工程教育

除了公共轨道交通之外，私家车辆在城市交通运行方面也占据了重要的地位，尤其是近些年汽车产业出现了新的发展方向，新能源汽车、混合动力汽车等相关行业企业的快速发展不仅改变了人们的汽车消费观念，还

---

① 资料来源于工艺教育学院西区院区工程学院网站。

为城市的交通系统带来了新的挑战。在此基础上，工程学院建设了城市机动性实验中心（Urban Mobility Centre）。该实验中心旨在为学生提供汽车和汽车工程技术方面的培训，并可为学生颁发相关领域的工程师文凭。该实验中心结合汽车产业发展的最新趋势，购置了汽车产业发展最新的设施设备，包括智能技术、模拟器，以及使用物联网进行实时监控的应用，为学生打造了一个面向未来的学习环境。为了帮助学生提高解决问题的能力，该实验中心紧跟汽车行业发展的最新要求，配备了诊断和测试设备以支持车辆诊断、电动和混合动力车辆方面的培训，帮助学生掌握行业发展对岗位技能的最新要求，提升学生未来就业的竞争力。

工程学院还围绕城市交通运输建设了其他的实验室，包括汽车底盘实验室、汽车发动机实验室、重型车辆实验室、变速箱实验室和可编程逻辑控制器（PLC）实验室等。这些实验室不但为学生的实训提供了优良的设施，还凸显了西区院区工程学院的办学特色，即打造汽车工程专业领域人才培养的全面化与特色化，为现代汽车产业提供极具竞争力的优秀专业人才。

三、西区院区电子信息通信技术学院的职业教育活动

西区院区的电子信息通信技术学院认为，信息与通信在当今社会发展过程中是不能分割的一个整体，只有将二者有机地结合起来进行系统的学习才能促进社会发展。电子信息通信技术学院在网络安全、安全管理系统、物联网和信息通信技术领域为学生提供了丰富且不断更新的课程内容，并借助相关实验实训设备提供具有真实体验的实训项目，让学生在完成实验项目任务的过程中得到锻炼和提升。

（一）数据工程教育

数据是现代社会发展过程中的重要组成元素，从国家、社会到个人数据安全的问题已经引起了人们的普遍关注。电子信息通信技术学院根据社会发展过程中出现的问题，及时培养相关领域的人才，建立了安全技术实

验中心（Security Technology Centre）。该中心不仅为学生提供相关的教育教学活动，帮助学生学习相关安全技术知识与技能，同时还与相关行业企业建立了合作关系，通过科研、培训项目不断向企业展示中心的最新科研成果与人才培养成果，主动促进与企业的产教融合。同时，该中心还为非全日制的学生提供实践训练，并颁发安全系统工程领域的文凭。在该实验中心，主要涉及的安全技术包括面部识别、生物识别、场所出入检测系统、场所安全检查和其他当前社会中普遍使用的安全技术。在该中心，学生不仅能够学到当今现实生活中较为常用的安全技术，还能够建立数据安全的意识，使得自己在未来岗位工作和社会生活中能够有意识、有能力保护个人数据的安全。

数据的安全与使用都离不开数据的计算，数据计算的逻辑、方法决定了数据使用的效率，这是数据使用的基本条件，高级计算实验室（Advanced Computing Lab）由此应运而生。电子信息通信技术学院认为数据的计算包括两个重要领域：第一是如何计算，也就是计算的原理、方法和逻辑等一系列高性能计算的基本知识；第二是谁来计算，这往往是被很多职业培训活动忽略的一个方面。当今社会的计算是依靠机器来开展的，先进的计算机可以提高计算效率，基于此，该实验室提供了高水平的超级计算机，以便让学生认识现代设备的重要性。通常，其他同类实验室重视的是让学生进入实验室进行真实性或仿真性的训练，但是数据本身的特点决定了人无法通过肢体实际感触数据，所以该实验室建设了虚拟平台，使学生可以通过远程访问平台执行数据计算工作。这其实也是该实验室目前开展的 AI（Artifical Intelligence，人工智能）学习应用程序的重要组成部分，这种形式让学生可以真实地感受到 AI 技术在职业教育领域学习的便利性。

电子信息通信技术学院的系统与安全实验室（Systems and Security Lab）专注于数据系统的安全问题，向学生教授系统管理、虚拟化、计算机维护和操作系统使用等模块的内容，聚焦计算机、手机中数据安全系统的开发与维护。该实验室仿照市场中的数据安全系统配备了多个初始化的数据客户端，可以模仿真实的数据安全要求进行培训，并开发了自己的云系统来储存相关培训数据，为学生提供了远程的项目。教师还可以在实验室中开展教学工作，根据教学环境的要求对数据环境进行修改。该实验室的培训环境可以按照学生的需求自由设置、配置，学生除了在实验室进行实验，也可以从其他实验室或者家中远程访问该实验室的云数据，满足自己培训的需求。这也是数字与信息化领域职业教育培训工作的新趋势，因为现在的数据信息培训与以往机械、工程等传统的职业教育培训活动不同，很多工作都是依靠计算机来完成的，所使用的原始材料也储存于计算机中，所以无须像以往一样进入车间、走进企业，只需要通过网络获取自己所需的数据资料即可。不难看出，该实验室在职业教育领域已经开始了学生学习与培训方面的新探索。

（二）人工智能技术教育

上面已经提到了 AI 的议题，这是现代社会发展无法绕过的重要技术，因此电子信息通信技术学院也顺势建立了人工智能体验实验室（AI Experience Lab）。该实验室配备高端台式计算机，为学生和教职员工开发和处理人工智能或其他处理器密集型的教学与学习工作提供了有利的环境。该实验室聚焦体验式的人工智能设施建设，希望通过触摸屏、互动面板和大型视频墙等能够激发人们触感的设备，为学生提供身临其境的学习与训练体验。由于学院开展的是职业教育领域的教学工作，所以较少涉及人工智能技术的开发，主要是通过这些设备来消除学生对人工智能的陌生感，提高学生未来参与人工智能领域工作的积极性。

机器人和无人机已经为现代各行各业的发展提供了新的思路，极大地提高了生产效率。电子信息通信技术学院联合行业领先企业大疆公司（DJI）和优必选公司（UBTECH）共同创建了无人机与机器人实验中心（Drone & Robot Hub）。该实验中心有 6 米高、具有 8K 分辨率的曲面 LED 视频墙，还搭建了便携式平台。学生在这里可以学习如何为无人机编程，还可以设计机器人在室内环境中如何执行动作或任务，包括同步移动的程序编制和障碍物导航系统设计。可以看出，该实验中心不仅仅针对学生的设备操作能力进行训练，还对学生的设备系统控制与开发能力进行培训，这有助于学生发挥创造力，使学生能在未来的工作岗位中不断发挥自己的潜力，运用好个人的综合能力，以实现技术技能的创新。目前，该实验中心还开展了将人工智能与无人机和机器人技术相结合的实验项目，希望通过运用行业先进企业的先进理念来实现自己专业技能培训的超前性。

四、西区院区商业服务学院的职业教育活动

西区院区的商业服务学院拥有良好的师资团队，聚焦新加坡日常生活领域的商贸活动，重点培养学生直接就业的能力，在开展课程教学的过程中创建了多样化的实验中心，以便为学生打造体验感更强的职业教育实践培训项目。商业服务学院非常重视学生的创业能力、团队合作能力和创造力的培养，连续多年在项目实施、学生评价和毕业生的就业率等领域获得了极高的社会声誉，成为同类职业教育机构的领头羊。[①] 该学院的主要职业教育工作借助多样化的平台集中在以下领域。

（一）建立商业服务真实教学场所

2019 年的 1 月，商业服务学院成功注册了名为 Choc Spot 的商店，作为自营品牌商店开始售卖巧克力、薯片、饼干和糖果等零食，在售卖过程中还关注自己店铺文化的建设，与公众分享自己的运营故事。[②] 在 Choc Spot 商店的基础上，商业服务学院建立了 Choc Spot 实训基地（Choc Spot Authentic Training Facility）来开展真实的零售服务课程教学。该基地可以在学生进入真实的实践之前为学生提供实习规划。学生进入基地实习时，教师指导学生在真实的零售环境中学习销售、促销、运营、客户服务、视觉营销等商业服务的全过程，帮助学生获得商业服务过程中所需要的系统性的理论知识与实践技能。如今，随着 Choc Spot 影响力的扩大，不断有普通民众参与到该商店的商业活动中，这为学生提供了持续的、真实的工作体验。

---

① 资料来源于工艺教育学院西区院区商业服务学院网站。
② 资料来源于 Choc Spot 网站。

（二）商业服务教育

商业服务学院还创建了化妆品和零售培训实验室（Cosmetics and Retail Training Labs），为未来从事零售服务业的学生提供专业化的课程。在化妆品实验室，学生可以学习化妆品零售和专业美容知识，了解化妆品的使用、销售技能，练习如何展示化妆品的功效以便为顾客提供专业的化妆品使用技巧。零售实验室则提供了一个豪华商业零售店的模拟环境，这里可以模拟零售店中的各种场景和活动，主要包括商品价格标签制作、内务管理、产品摆放和视觉设计等，对学生进行体验式的实践培训，目的是提高学生服务客户的技能。

商业服务学院深知数字化在商业领域广泛应用的前景，知晓对学生开展数字技能训练是提升学生未来竞争力、提高学生服务水平的重要发展方向，所以该学院建设了数字商业实验室（Digital Business Lab）。该实验室可以在数字化方面提供一个供学生动手学习、实验的环境，以提高学生的自主学习能力。该实验室提供社交媒体、数据分析、数字营销、全渠道商业和其他数字领域的数字化功能和服务培训。在这里，行业合作伙伴和数字化商业领域的专家还为学生举办关于数字化最新趋势的前沿演讲和研讨会，实现了产教融合的协同发展。

（三）教育服务

教育服务也是当今社会重要的商业服务内容，尤其是深受儒家文化影响的新加坡社会历来重视学生在学校学业上的成就。新加坡社会中的教育服务产业内容范围广、要求高、样态多。例如，不同的种族对于子女教育方式的差异、学生对于语言学习的需求、政府对于学生毕业的要求等都需要一定的商业化教育服务助力。商业服务学院建立了国民教育实验室（National Education Gaming Room），学生在这里可以依据国家核心价值观的要求畅谈自己的教育设想，与其他同学进行思想观点的碰撞，增强学生对国民教育中关键信息的理解，以此确保学生在从事教育服务行业时可以将国家的核心价值观正确地传递给教育对象。该实验室还希望通过国民教育中的学生活动设计、项目展览和互动交流促进更多的民众提高认识，培养本校学生从事教育服务活动的社会责任感。

互联网技术尤其是移动互联网技术的快速发展，不仅革新了人们的生活习惯，还极大地改变了劳动力市场的就业渠道。尤其是受到 2019 年以来的新型冠状病毒感染疫情的巨大影响，学生的求职方式已经不再是单纯地投递文字版的简历，还会制作投递视频简历（Visume）。为了满足学生就业求职的需求，培养学生制作视频简历的技术能力，商业服务学院成立了视频简历实验室（Visume Lab）。该实验室配备了多个专用的小型摄录棚，每个摄录棚都有一台可以进行摄录的计算机，可以容纳一位学生在里面制作高质量的视频简历。在视频简历初步完成后，学生还可以学习使用专门的应用程序继续美化视频简历，以达到更好的求职效果。制作视频简历可以锻炼学生的表达能力，为应聘面试时展现语言表达能力奠定基础。视频简历实验室通过数字工具与技术的训练加强学生的沟通技能，提高学生的数字技术能力，为学生应对招聘过程中的数字化转型做好准备。

五、西区院区酒店学院的职业教育活动

酒店学院是西区院区的特色学院，也是整个西区院区规模最大的学院。新加坡作为全球认可的世界顶级休闲和商务目的地，对酒店厨师、服务人员和其他餐饮员工的需求日益增长。恰如其分的是，酒店学院是一所基于市场需求而设立的学院，它的成立在行业应对日益增长的用工期望时发挥了关键作用。酒店学院不但可以提供各种与酒店相关的技术文凭课程，还可以在烹饪艺术、糕点烘焙、餐饮、酒店运营领域颁发相关的技能证书。同时，酒店学院丰富的实训实习设施还可以为在职员工提供多样化的岗位培训。

（一）建立真实的职业教育教学场所

酒店学院餐饮专业的学生在学院的支持下成立了自己的西区意式咖啡

馆（Crema West），目前这家 40 余人的咖啡馆可以使学生深入了解咖啡馆的运营方式，包括咖啡的制作、后台管理、前台服务和商品展示等。该咖啡馆建有一个咖啡师培训中心，学生在这里可以按照咖啡师的标准不断练习调制咖啡的技能。同时，该咖啡馆还举办研讨会、咖啡欣赏课程和咖啡师比赛，并提供与咖啡搭配的三明治与糕点的制作培训。这个咖啡馆作为理论与实践教学的重要场所，为现代酒店管理行业中的餐饮专业提供了丰富的理论知识学习机会与真实的学习场所。

酒店学院最具特色的教育教学场所是西区酒店（Hotel West）。这是一家拥有 1 间初级套房和 21 间豪华客房的全功能培训酒店，由来自酒店学院酒店高级运营专业的学生和教职员工团队负责运营。在西区酒店，学生需要在前台、行政酒廊和客房部等区域接受处理日常事务的培训，这将为他们毕业后在酒店行业的实习和职业生涯做好充分准备。具体来说，西区酒店的 22 间客房均按照高端酒店的标准配备了液晶电视、无线网络、室内保险箱、免费咖啡设备和浴室等设施，以便对学生开展全面的教育教学工作，实现对酒店管理全过程无死角的培训，提升职业教育的系统性与适应性。

（二）烹饪领域的仿真教育

酒店学院按照不同的饮食文化建立了三个不同的训练中心，开展烹饪专业领域的职业教育活动。

第一个是混合培训厨房（Hybrid Training Kitchen），它为糕点烘焙专业的学生提供结构化的厨房设备，以开展理论教学与实践教学工作任务，并使学生在完成学习任务后可以及时动手进行实践操作练习。通过这种理实一体化形式的教学活动，学生能够在糕点、烘焙、装饰、糖果和现代甜点方面获得更加深入的知识与技术。在混合培训厨房，学生还能进行新产品研发、营养和外观设计的分析工作，这是学生未来满足顾客对糕点与烘焙产品定制化需求的必备的基本技能。

第二个是法式餐饮训练厨房（La Vie and La Gloire），是专门为西餐专业的学生建造的培训厨房。该厨房配备了齐全的西厨设备，包括燃烧器、烤箱、台下冷却器、组合烤箱和烤炉。学生们不仅可以在此独自完成一些烹饪工作，还可以开展合作，为未来的团队合作做好准备。该厨房有 16 个独立工作站和 1 个烹饪概念工作站，主要供烹饪艺术与餐厅管理技术专业的学生使用。此外，该厨房配有摄像头，可以向高级餐厅的用餐客人提供厨房内的"实时"信息，实现与现实生活中餐厅标准的一致性，让学生感受未来的工作环境文化。

第三个是法式糕点训练厨房（Patisserie），严格来讲它是一种附属性的机构，是法式餐饮训练厨房的一部分。该厨房可以同时容纳 20 名学生学习法式糕点的制作，配备了 6 个岛式工作站，以及组合烤箱、鼓风冷冻柜、重型搅拌机等先进的厨房设备。该厨房为糕点与烘焙专业的学生提供了一个多功能的学习环境，让学生学习一系列制作蛋糕、甜点、油酥糕点、巧克力和烘焙产品的技巧。

除了多样化的训练厨房外，酒店学院还创建了三种不同的训练餐厅用于开展不同的教育教学工作。

第一个是名为 Amber 餐厅，这个餐厅既是一个对外开放的餐厅，又是一个兼具培训工作任务的教学场所，它主要面向餐饮运营专业的学生。学生在这个餐厅会为真实的顾客提供服务，并学习餐厅午餐和晚餐日常运营过程中的知识与技能。Amber 餐厅供应各种美食，提供不同的服务理念，包括点餐和自助餐两种不同的服务形式。它的主用餐区可容纳 60 名用餐者，私人餐厅区域最多可容纳 12 人，这符合现实生活中大部分餐厅的标准。

第二个是名为 Chez 餐厅，这是与法国烹饪学校保罗·博古斯酒店管理与厨艺学院（Institut Paul Bocuse）联合成立的一家法式餐厅。这家餐厅能够保证法式传统与高级美食口味的一致性，并因非常实惠的价格受到用餐者的普遍好评，所以学生在这里可以学到基本的法式餐厅服务和法国现代烹饪技术。这家餐厅还提供专业的法式烹饪课程，课程内容涵盖点菜、烹饪、宴会、自助餐和主题餐厅等一系列多样化的法式餐厅服务活动。可以说，学生在这里可以学习到大部分的法式餐厅运营的相关知识与技能。

第三个是名为 Topaz 西餐厅，这家餐厅同样是既可以提供餐饮服务又可以开展教育教学工作的多功能餐厅，最多可容纳 30 名用餐者。酒店学院西餐专业和餐饮运营专业的学生都可以到这里学习，学习的主要内容包括餐厅服务、酒水服务和餐桌服务的基础知识。

（三）葡萄酒工程教育

酒店学院开设的另外一个教育教学领域是葡萄酒专业。酒店学院建立了名为 Vine West 的葡萄酒教学基地，这是为学院餐饮专业的学生提供的葡萄酒培训场所。该教学基地按照一些城市酒吧和葡萄酒庄园的样式设计了一个充满地域特色的酒吧和一个步入式葡萄酒酒窖，这里不仅提供葡萄酒专业知识，还提供非酒精性饮料的知识，这样就可以帮助学生通过对比分析更加清晰地认识酒精和非酒精饮品。除了酒水知识和文化之外，该教学基地还支持葡萄酒品鉴的短期课程，主要包括基本的葡萄酒品尝、葡萄酒醒酒服务和为葡萄酒搭配食物的服务。

可以看出，酒店学院围绕着酒店的内部服务管理聚焦酒店的餐饮服务开展职业教育活动，它创建的多种职业教育场所紧跟市场发展要求，与市场接轨，为学生职业技能的发展提供了前沿的职业教育课程与实践培训活动。在酒店学院的支持下，由学生自己创建并顺利运营的酒店、餐厅、厨房等各种酒店服务业务，并没有将自身的活动限定在学校内部的教育教学活动，而是主动参与社会市场活动，参与社会竞争，使学生在真实的工作过程中提升知识与技能，感受社会文化，极大地提高了入职后的竞争力，为新加坡良好的酒店服务声誉贡献了大批专业化的人才，是培养新加坡酒店服务行业从业人员的中流砥柱。

第五章
新加坡高等职业教育

　　新加坡的高等职业教育经过几十年的发展，已经发展得较为成熟，能够为社会提供多种形式的职业教育与培训。理工学院作为高等职业教育机构，在全日制学生招生方面，主要招收来自工艺教育学院的毕业生以及其他符合要求的中学毕业生；在非全日制学生招生方面，主要招收那些获得了一定职业技能等级证书或者文凭的企业在职员工或其他成年人。理工学院培养的是高级应用人才。

　　目前来看，新加坡高等职业教育主要是由 5 所公立的理工学院来承担的，按照成立的时间先后顺序分别是新加坡理工学院、义安理工学院、淡马锡理工学院、南洋理工学院、共和理工学院。这 5 所理工学院由于不同的办学历史与文化背景以及不同时期的发展，都形成了各具特色的发展目标。

第一节　新加坡理工学院的职业教育

一、新加坡理工学院概况

新加坡理工学院是新加坡历史最为悠久的理工学院，创建于1954年，下设建筑与建筑环境学院、化学与生命科学学院、商学院、计算科学学院、电气与电子工程学院、机械与航空工程学院、新加坡海事学院、媒体艺术与设计学院、生活技能与沟通学院、数学与科学学院10个二级学院，可以为学生提供34个全日制文凭（Full-Time Diplomas）专业、492个继续教育和培训（Continuing Education and Training，CET）项目。截至2023年9月，新加坡理工学院有教职员工1 456名（其中760人为教研人员，696人为非教学人员），有全日制文凭课程学生12 499名、理工学院预科项目（Polytechnic Foundation Programme，PFP）学生343名，另有学生社团109个。截至2023年，新加坡理工学院的毕业生人数已经达到了230 194人。[①]

新加坡理工学院的核心价值观是自律、诚信、关心与关怀、开放、责任与卓越，目的是开发学生的潜能，提升学生的技能，完善学生的团队意识，帮助学生做好工作、生活融入全球的准备。

二、新加坡理工学院入学资格

新加坡理工学院入学的考核方式是多样化的，学生可以根据自己的条件选择适合自己的入学考核形式。

（一）国家统一招生的入学方式

第一种是参加国家联合招生考核（Joint Admissions Exercise，JAE），由新加坡教育部协助举办，面向新加坡剑桥普通教育O水准证书的持有

---

① 资料来源于新加坡理工学院网站。

者。具体申请方式是由有资格参加国家联合招生考核的申请人通过教育部的 JAE 互联网系统在线提出申请，他们用 JAE 个人识别号（JAE Personal Identification Number，JAE-PIN）访问在线系统，而 JAE-PIN 只有持新加坡剑桥普通教育 O 水准证书的申请人才可以获得。JAE 互联网系统的注册会在新加坡剑桥普通教育 O 水准证书成绩正式公布的同一天开始，一般开放注册 6 个自然日。此外，一些相关具体的信息会有专门的 JAE 信息手册给申请人提供专业的解答。

（二）校际统一招生制度

第二种是参加理工学院联合招生考核（Joint Polytechnic Admissions Exercise，JPAE），这种考核由 5 所理工学院联合组织，最早于 1992 年开始实行。在这种考核中，申请人只需要提交一份入学申请表，在申请表中清晰地表达自己所期望的学校和专业，然后由相关的理工学院进行考核决定。这种考核方式一般是面向已经从新加坡工艺教育学院获得了 Nitec 或 Higher Nitec 的申请人，即招生的对象基本上都来自工艺教育学院的毕业生。具体的申请方式是由符合理工学院联合招生考核资格的 ITE 学生通过 JPAE 的网站在线填写申请表。当然，ITE 学生并不是可以填报所有的专业，JPAE 会非常清晰具体地写明申请人在工艺教育学院期间应该学习过哪些课程，否则就没有资格填报相关专业。

（三）学校自行组织的考试

第三种是参加直接入学招生考核（Direct Admissions Exercise，DAE），参加这种考核的申请人一般需要攻读全日制文凭课程。这种考试的招生范围就非常开放了，诸如具有相关工作经验的人员、其他理工学院在校生、普通中等教育证书 A 级持有者、已经毕业的学生或其他社会人员都可以参加考核。当然，申请人自身具备的条件不同，其入学后需要参加的课程和学习年限都是不同的。

具体的申请程序是由申请人登录新加坡理工学院专业申请服务与咨询

系统（Singapore Polytechnic Course Application Service & Enquiry，SP CASE）进行申请，通过学校审核后参加相关的考试，考试结束后申请人可以通过该系统查询自己的录取结果，学校也会通过电子邮件再次向学生发送录取通知。新加坡理工学院通常会要求申请人提交三个方面的个人信息：一是个人的身份信息，如护照、身份证明文件等；二是学术水平佐证材料，如各种资格证书尤其是职业资格证书，国际申请人还需要提交资格证书的英文版；三是学生社团活动记录，这是非常重要的支撑材料，因为新加坡理工学院作为高等职业教育院校，非常重视学生参与的社会实践活动，而学校的社团活动可以很好地反映学生参与团体活动的表现情况。此外，一些特殊专业还会要求申请人提交一些特殊性材料，例如与航海相关专业的申请人需要提交新加坡海事及港务管理局测试的视力检测结果，如果是国际申请人还需要有相关航运公司的证明信。

（四）校级联合的提前考试入学制度

第四种是理工学院早期入学考核（Polytechnic Early Admissions Exercise，Poly EAE），这是一项基于能力的招生方式，它允许申请人在获得前一阶段最终成绩之前申请并获得理工学院的有条件录取。它使理工学院在招生方面具有了更大的灵活性与自主权，学校可以根据申请人的能力和兴趣（除了学业成绩）来选择和录取学生，从而可以从更加广泛的范围招收学生，使得多样化的人才得到认可。这种招生方式有些类似我国的提前招生模式，只是招生标准并不是按照申请人前期的学业成绩，它强调的是申请人的能力，看申请人能力是否符合学校专业招生计划中的需求，以此来确定是否录取申请人。所有工艺教育学院的毕业年级学生、已经参加了新加坡剑桥普通教育 O 水准考试但还未取得成绩的学生、所有已经参加工作的人员都可以向学校任何的专业提交申请。

具体的申请程序分为以下三个阶段。

1. 申请阶段

感兴趣的申请人可以通过 Poly EAE 的网站提交申请。申请人将被要求填写自己的个人信息，并提交一份 600 字以内的简历，阐述自己申请此专业的原因和具备的能力。每个申请人最多可以选择三门感兴趣的专业。对于在职员工，简历中还需要包括关于工作经历的详细信息，例如以往的工作范围、工作时间和工作成就等。

2. 遴选阶段

学校会组织专业的人员对申请人进行评价考核，评价考核的标准是依据申请人对职业教育的兴趣和能力的相关证明材料。申请人还可能会被邀请参加能力测试或面试，以此来证明他们具备对特定专业的能力和兴趣。学校会鼓励申请人在面试期间准备更加充分的证明文件，例如作品集、过去工作成果的证明、参加比赛和相关项目的材料等，可以为自己的申请提供更加全面的支撑。

3. 发放录取通知的阶段

Poly EAE 申请人可在规定期限内通过在线申请系统查看并接收录取通知书，如果未收到回复则可视为被拒绝。在此阶段，申请人将获得有条件的录取，直至申请人按照要求再次提交自己的相关资料之前，理工学院都会为其保留入学资格，但如果申请人不能补充系统中要求再次提供的相关材料，那么申请人将会自动失去录取资格。此外，如果申请人希望自己的录取被撤回，就必须在系统上写明申请撤回录取资格的理由，否则一旦录取资格正式公布，申请人就不能再申请其他理工学院。

（五）预科项目

第五种是理工学院预科项目，这是一个为期一年的预科课程项目，专门为那些获得了 N 水准的人设计开放。参加这个项目的申请人无须参加 O 水准的考试就可以直接进入理工学院学习预科课程，在通过了预科课程的学习后可以直接学习学校的文凭课程。在这个过程中，学生在理工学院的身份是临时性的，这就意味着学生需要在顺利完成并通过预科课程后才能成为正式的新加坡理工学院学生。

虽然这种预科项目有淘汰制，但是新加坡理工学院会为预科项目学生提供一支强大优良的师资团队，尽最大努力帮助这些学生在一年的学习中取得优异成绩。这种方式的申请也是通过 PFP 网站来实现的。需要说明的是，在 PFP 的申请结果公布之后，学生需要在三个自然日内确定接受录取，否则将失去入学资格。这一做法实质上是在与开展普通高等教育的大学争夺优秀的中学生。这种招生方式虽然不是新加坡理工学院主要的招生方式，但确实为其争取了非常多的优秀生源。

多种形式的入学考核方式，使得新加坡理工学院可以从不同的渠道招收符合自己要求的学生，在扩大招生渠道的过程中实现了依据能力标准来招收学生的计划。

另外，不同招生渠道入学的学生在入学时间上也是有差异的，JAE 项目录取的学生一般是二月底入学，JPAE 录取的学生一般是四月初入学，DAE 录取的学生一般是四月入学，Poly EAE 录取的学生一般是一月底或者二月初入学，PFP 项目的学生是二月初入学。无论以何种方式入学的学生，其缴纳的学费都是接近的，学费的主要差异取决于学生的身份，通常新加坡公民一学年的学费是 3 000 新元，新加坡永久居民是 6 200 新元，国际学生则是 11 900 新元。除了学费之外，学生还需要缴纳少量的考试费、保险费和社团费等其他费用。

三、新加坡理工学院专业与课程体系

（一）全日制文凭公共课程体系

虽然新加坡理工学院是一所从事职业教育的高等学校，但是该校并不仅仅关注学生实践操作能力的发展，还强调学生的人文素养发展。为此，学校根据社会发展的需要建立了公共核心课程（Common Core Curriculum，CCC）体系，该体系有 10 个共同的核心模块课程，无论学生未来进入哪个行业或工作领域，这些课程所提供的知识与技能都将使学生获益。公共核心课程体系面向全校所有学生，无论学生是以哪种考核方式被录取到学校的、是几年学制的，只要是修读新加坡理工学院文凭的学生都需要完成这些课程。

公共核心课程提供了一个完整的跨学科学习体系，依据联合国可持续发展目标的要求，发展学生的批判性思维，让学生可以使用自己的技能来改变社会，建设一个更加美好且可持续的新加坡和多元世界。可以看出，公共核心课程体系的目标就是让所有学生为适应一个不断变化更新的世界做好全面的准备。

公共核心课程体系包含以下 10 个核心模块课程。

1. 批判性思维素养课程

批判性思维素养课程共计 30 个学时。该课程主要培养学生的批判性思维和分析能力，包括可以从不同视角评价不同观点、能够独立自主地向他人阐明自己的观点、可以使用相关和可信的论据论点支持自己的观点等方面的能力。该课程还以联合国可持续发展目标为框架，通过让学生探索分析区域和全球的问题来锻炼自己的能力，通过实际案例的分析提升自己的实践能力、批判性思维和分析能力。

2. 数据使用素养课程

数据使用素养课程共计 15 个学时。当今世界是由数据驱动的，能够大规模高效获取、管理数据已成为保持竞争优势的关键。数据流畅性意味着充分了解数据的价值，并拥有收集、组织和提取有效数据的知识与技能。数据可以帮助学生深入了解联合国可持续发展目标。学生在该课程中可以学习数据处理过程，例如制定基于数据的问题、处理数据和分析数据。学生完成课程任务后能够证明自己有能力使用数据来分析社会问题，能更好地应对当今社会中复杂数据带来的各种正向与负向的问题，并且可以解决自己在未来发展过程中的遇到的数据问题。

3. 人工智能素养课程

人工智能素养课程共计 15 个学时。该课程的内容包括对人工智能及其在现代社会中的社会和伦理影响的分析与案例，可以让学生掌握当今社会中的人工智能理论与技术，还可以让学生理解人工智能发展对人类社会的影响。该课程帮助学生学会利用在线工具构建一个简单的人工智能模型，讨论如何促进人工智能技术建设良好的道德规范，考虑如何使用人工智能技术解决联合国可持续发展目标中提出的各种社会问题。该课程的主要目的是将人工智能技术与人类社会发展有机结合起来，引导学生在开展职业教育学习活动的过程中，不仅专注技术对于产业发展的作用，同时树立技术改变社会、技术服务社会的理念，进而促进新加坡人文社会的和谐发展。

4. 有效沟通与数据叙事课程

有效沟通与数据叙事课程共计 30 个学时。虽然现代社会强调循证，而数据被认为是可靠的证据来源，但如何使用数据，如何让数据在适合的时机发挥正确的作用，这取决于我们如何使用数据进行叙事与沟通，只有使用数据、展示数据的过程有价值，数据带来的结果才是有意义的，才会推动利益相关者采取行动。学生在该课程中会学习使用数据进行沟通的逻辑思维、遴选具有说服力数据的方法等内容。该课程还会提供数据可视化的方法，以应用数据叙事和有说服力的表达技巧来影响他人或塑造他人的观点。

5. 创造意识与计算思维课程

创造意识与计算思维课程共计 15 个学时。该课程主要围绕综合思维和发散思维、问题识别和问题分析、横向对比和纵向对比思维、计算思维这四种不同的思维进行训练，这些思维是学生在未来解决实际问题过程中所必备的。学生在该课程中会学习通过综合、发散的方法收集数据，通过对数据的横向与纵向对比分析，运用创造性和计算思维技术解决与联合国可持续发展目标有关的问题。

6. 数字通信课程

数字通信课程共计 15 个学时。数字通信技术的广泛应用已经改变了人们的生活方式与生活效率，教师可以使用先进的数字通信技术随时随地与自己的学生进行沟通，还可以实现课程的多样化教学，学生也可以通过数字平台实现数字化学习。但是，学生在如何利用数字通信技术吸引、激励和影响利益相关者参与更大范围的沟通，以及如何提升工作效率等方面还欠缺经验。该课程可以帮助学生了解各种数字通信平台与工具的优势和局限性，了解如何成为一名负责任的数字公民，了解如何借助数字通信技术来提升自己的沟通能力。

7. 合作能力课程

合作能力课程共计15个学时。联合国可持续发展目标中明确提出了要加强全球的合作，学生的合作能力是当今社会发展过程中劳动者技能的重要组成部分。现在是一个数字化的时代，人们之间的合作方式与方法发生了巨大的变化，人们可以借助虚拟的网络、先进工具和丰富的数据实现更高效率的协作。而解决联合国可持续发展目标不是一个人能够完成的，它必须建立在团队的有效合作基础之上，无论这种合作的方式与形式是什么。该课程会不断地训练学生健康高效地进行团队合作，会要求学生在团队中有意义地分享自己的观点、见解和承担责任。学生还会学到参与团队合作和激励团队合作的相关技能，以及如何在数字环境中使用这些技能。尤其是新型冠状病毒感染疫情暴发以来，人们开始更加关注数字时代新的协作方式与方法，这一点现在比以往任何时候都更受重视。

8. 公文写作课程

公文写作课程共计15个学时。开设专门的公文写作课程主要基于以下几个方面的考虑：一是在新加坡的工作场所中，具备英语写作能力不是一道选择题，而是一种核心必备技能；二是在与他人沟通过程中，无论是撰写一封电子邮件还是一份报告，都需要掌握公文写作的基本格式规范和写作技巧；三是准确清晰地对自己的工作任务进行总结，按照常见的规则形成一份报告，这是每个职场人士在工作过程中都会遇到的基本工作技能要求；四是职场工作中的交流方式不仅是面对面的沟通，还包括各种文字信息的表达，一份规范的公文可以有效地向目标受众传达预期信息。

9. 个人品牌与职业灵活转换课程

个人品牌与职业灵活转换课程共计30个学时。如果学生对自己未来将要从事的职业岗位发展无法预设，非常有可能会调整工作岗位，就需要在就学期间进行职业转换能力的培训。当然，在个体职业发展过程中，个人的品格特征是自己的身份名片，是他人认识个体的重要途径。该课程可以帮助学生学会必要的技能、知识和工具，打造自己的个性品格，使自己在未来的职场竞争中处于优势地位。

10. 可持续性创新课程

可持续性创新课程共计 45 个学时。创新是现代社会发展的重要驱动力，也是学生必备的技能。学生在本课程中会组建自己的跨学科小组开展合作性学习，共同思考当今社会的问题，共同思考解决问题的思路。在共同学习的过程中，学生可以依据社会现实问题不断创新解决问题的方法，更新解决方案。在这个过程中，学生会对自己的问题解决技巧与方法进行更加深入系统的思考，并可以更好地了解自己。

以上 10 个核心模块课程是新加坡理工学院根据社会发展的需要，尤其是联合国可持续发展目标的要求对全校学生进行的体系框架设计。可以看出，公共核心课程非常重视现代社会中的信息技术、数字化和创新能力的培养，因为现代职业教育的发展方向已经不仅仅是满足最基本的在工厂、车间中从事机器操作的技能需求。现代社会已经开始进入物联网时代，现代的工业生产也已经进入工业 4.0 阶段，这对技术工人的要求更加全面，既要求工人可以操作一定数量的仪器设备，又要求工人可以按照最新的工业生产标准进行新机器的操作与技术革新。

（二）全日制文凭专业课程体系

为获取全日制文凭，学生除了修读以上提到的公共核心课程之外，还需要根据自己所学专业在不同的学期修读不同的专业课程。与公共核心课程不同，专业课程都是由新加坡理工学院下设的各个二级学院负责开设的，根据课程的特点可以分为建筑环境、应用科学、企业管理、信息与数字技术、工程学、健康科学、海事研究、媒体与艺术等不同的专业领域。这些课程由不同的学院负责提供师资和场地，学生根据自己专业的培养要求进行选择。新加坡理工学院全日制文凭专业框架见表 5.1。

表 5.1　新加坡理工学院全日制文凭专业框架

专业领域	专业
建筑环境	（1）建筑学； （2）土木工程； （3）设备管理； （4）综合活动与项目管理； （5）风景园林
应用科学	（1）应用化学； （2）生物医学； （3）化学工程； （4）科学基础； （5）食品科学与技术； （6）香水与化妆品科学
企业管理	（1）会计； （2）银行与金融； （3）工商管理； （4）商业规划； （5）人力资源管理与心理学
信息与数字技术	（1）人工智能应用与分析； （2）通用信息和通信技术； （3）网络安全与数字取证； （4）信息技术
工程学	（1）航空工程； （2）航空航天电子； （3）通用工程； （4）计算机工程； （5）电气与电子工程； （6）工程与商业； （7）机械工程； （8）机电一体化与机器人
健康科学	验光
海事研究	（1）海洋工程； （2）海运业务； （3）航海研究
媒体与艺术	（1）室内设计； （2）媒体、艺术与设计

（三）预科项目课程体系

参加新加坡理工学院预科项目的学生，在选择课程的过程中采取的是"必修＋选修"的方式。一般来说，学校会根据学生的不同专业领域提供差异化的课程清单，学生则根据自己的需要自由选择所要修读的课程。目前，新加坡理工学院为预科项目学生提供了独立于全日制文凭课程之外的课程体系。学校构建的预科项目课程体系必修课程分为两个不同的部分，第一个为科学与技术部分，第二个为非科学与技术部分，见表 5.2。

表 5.2 新加坡理工学院预科项目课程体系必修课课程框架

课程类别		科学与技术	非科学与技术
公共基础课	英语	预科英语与沟通技能	预科英语与沟通技能
	数学	预科数学	预科数学
	通识教育	社会公民教育	社会公民教育
	体育	终生健康教育	终生健康教育
公共专业课程		（1）物理； （2）应用科学； （3）技术入门； （4）信息技术基础	（1）生活科学知识； （2）企业发展原理； （3）信息技术原理

预科项目学生在一年的课程学习中，首先要完成学校的必修课程，之后才能按照自己的专业特点选修专业课程。选修专业课程的开设是由学校下设的二级学院负责的。具体来说，有 8 个二级学院会按照自己学院专业的特点和培养目标为预科项目学生提供不同于全日制文凭的专业框架，见表 5.3。

表5.3 新加坡理工学院预科项目课程体系选修课专业框架

学院	专业
建筑与建筑环境学院	（1）建筑； （2）土木工程； （3）设备管理； （4）综合活动与项目管理； （5）室内设计； （6）园林
化学与生命科学学院	（1）应用化学； （2）生物医学； （3）化学工程； （4）普通科学课程； （5）食品科学与技术； （6）香水与化妆品科学
商学院	（1）会计； （2）银行与金融； （3）工商管理； （4）普通商业学； （5）人力资源管理与心理学
计算科学学院	（1）人工智能应用与分析； （2）通用信息和通信技术； （3）网络安全与数字取证； （4）信息技术
电气与电子工程学院	（1）航空航天电子； （2）计算机工程； （3）电气与电子工程； （4）工程与商业
机械与航空工程学院	（1）航空工程； （2）通用工程； （3）机械工程； （4）机电一体化与机器人
新加坡海事学院	（1）海洋工程； （2）海运业务
媒体艺术与设计学院	媒体艺术与设计

第二节　义安理工学院的职业教育

一、义安理工学院概况

　　义安理工学院由中国潮州籍的团体于 1963 年创建，1967 年由私立转为公办。目前，义安理工学院全日制在校生人数超过了 1.3 万人，下设生命科学与化学技术学院、健康科学学院、工程学院、信息通信技术学院、商业与会计学院、设计与环境学院、电影与传媒学院、人文与社会科学学院等 8 个教学学院和 1 个继续教育学院，8 个教学学院可以为全日制学生提供 5 个学科领域的 40 个专业的教学工作，继续教育学院可以提供广泛的非全日制课程和短期课程。学校还与行业合作伙伴密切合作，不断开设与更新新兴技能课程，为行业培养培训专业人才。截至 2023 年，义安理工学院毕业生人数已经超过 17 万人。

　　义安理工学院始终致力于将学生培养成为主动学习、热爱生活并具备跨国企业胜任力的行业人才。

二、义安理工学院入学资格

　　义安理工学院的入学考核方式基本上与新加坡理工学院一致，只是根据自己学校专业的特点又增加了一些特殊的入学考核方式。

（一）特殊专业直接招生制度

　　在直接入学招生考核这种途径中，义安理工学院专门为登记护士开设了登记护士直接入学招生考核（Direct Admissions Exercise for Enrolled Nurse）。这种考试不是面向所有学生的，它只允许在近两年内取得了义安理工学院或者南洋理工学院的登记护士衔接研究资格证（Certificate in Bridging Studies for Enrolled Nurses，CBSEN）的登记护士报名参加。CBSEN 的取得需要学生在相关学院通过短期培训的考核，例如义安理工学院就是用 4 个月的短期培训为通过培训的登记护士颁发 CBSEN，而且 CBSEN 存在有效期，登记护士需要在有效期内参加直接入学招生考核。可以看出，义安理工学院根据自己的专业特点为特殊专业的学生提供了独特的入学渠道，实现了职业教育招生渠道的多元化，有利于实现基于能力开展职业教育活动的目标。

（二）开发专用招生录取软件

此外，义安理工学院与新加坡理工学院在入学的渠道方面也存在着细微的不同。新加坡理工学院需要学生通过网站提交申请，在申请通过后通过网站或者现场办理入学。而受新型冠状病毒感染疫情和世界数字化转型的影响，义安理工学院大力开展数字化校园建设，开发了各种服务学校生活与学习的应用程序。基于此，进入义安理工学院的学生只需要在智能手机上下载一个学校开发的名为"mStudent"的应用程序，在这个应用程序上填写个人信息、缴费并上传视力等常规医学检测结果后就可以入学了，实现了学生入学信息填报的数字化转型。

三、义安理工学院专业与课程体系

义安理工学院的课程体系类型主要有全日制文凭专业课程体系、文凭开放项目课程体系、专业集群课程体系、辅修课程体系和预科项目课程体系。

（一）全日制文凭专业课程体系

全日制文凭学生的专业课程主要是由各个二级学院负责的，学校会对不同二级学院的专业课程设置情况进行统筹规划，每个二级学院根据自己学院的基础与特色开设相关专业。由于每个二级学院的专业特色不同，所以每个二级学院开设的专业数量是不一样的，见表5.4。

表5.4 义安理工学院全日制文凭专业框架

学院	专业
生命科学与化学技术学院	（1）生物医药科学； （2）化学与生物分子工程； （3）环境与水资源技术； （4）景观设计与园艺； （5）制药科学； （6）通用科学计划（文凭开放项目）
健康科学学院	（1）护理； （2）验光
工程学院	（1）航空航天工程； （2）生物医学工程； （3）电气工程； （4）电子与计算机工程； （5）工程科学； （6）海洋与近海技术； （7）机械工程； （8）机电一体化与机器人； （9）通用工程规划
信息通信技术学院	（1）网络安全与数字取证； （2）数据科学； （3）沉浸式虚拟现实数据； （4）信息技术； （5）信息通信技术规划
商业与会计学院	（1）会计； （2）银行与金融； （3）商学； （4）国际贸易与商业； （5）旅游管理； （6）商业规划
设计与环境学院	（1）设计； （2）酒店与休闲设施管理； （3）房地产运营与管理
电影与传媒学院	（1）图像、声音与视频； （2）传播学； （3）媒体后期制作； （4）通用媒体规划
人文与社会科学学院	（1）艺术商务管理； （2）中国研究； （3）华文媒体与传播； （4）学前教育； （5）社区发展

由表 5.4 可以看出，学校的专业设置是根据二级学院的专业特点来规划的，是在专业与产业高度融合的策略下不断发展的。作为一所职业教育机构，义安理工学院的这些专业设置都紧随时代发展的需求，根据现代社会发展的前沿技术优化专业，淘汰了诸多传统的专业目录，使得自己的专业与产业发展联系更紧密、匹配度更高。这体现了职业教育要为社会经济发展服务的重要责任，促进了职业教育与社会产业之间的联系与融合。这更有利于毕业生在就业时找到更加契合自己专业知识与技能的工作岗位，有助于毕业生尽快地适应工作岗位，缩短毕业生进入职场的适应期，而且还为企业减少了新员工入职培训的时间，降低了企业员工培训的成本，提高了工作效率。由此可见，义安理工学院的专业设置与产业的高度融合策略不仅为学校人才培养培训做出了巨大贡献，还为产业发展提供了重要的人力支撑。从全球范围内来看，职业教育机构相对于高等教育机构来说规模普遍较小，招收的专业更具实用性，但如何利用职业教育机构的这种规模小、重实用的特点是当今职业教育活动需要不断思考探索的，义安理工学院这种专业设置的模式就值得其他国家的职业教育界借鉴学习。

（二）文凭开放项目课程体系

文凭开放项目（Diploma Exposure Programme）是生命科学与化学技术学院的通用科学计划专业，这并不是一个真正意义上的专业，而是义安理工学院唯一一个为开放式的文凭实施的项目。

这个项目面向那些想在科学和医疗保健领域有所作为，但又在入学期间不能完全确定下来的学生。学生参加通用科学计划专业对课程和行业的展示活动，会在第一学期对生物医学和制药行业有更深入的了解。第一学期的课程包括细胞生物学和遗传学、无机化学和物理化学、生物安全和生物安保实践。除了课程学习外，学生还会参加实践研讨会和交互式电子学习活动，这些活动都可为学生未来的专业选择提供帮助。

完成一个学期的学习后，参加该项目的学生可以根据自己的兴趣及学习体验在生命科学与化学技术学院的生物医药科学和制药科学两个专业间进行选择，之后开始学习专业课程。这个项目是义安理工学院在专业建设方面的一项新尝试，它给予学生专业选择的充分自主权，让学生在校亲自体验修读不同专业的要求差异，引导学生根据自己的兴趣来选择专业。这种开放式的专业选择尝试还为学生未来的职业发展奠定了良好的基础，因为现代社会中职业岗位对于劳动力的要求呈现了多元化的特征，岗位不断的更新变化带来了劳动力技能的快速迭代更新，这就要求从业者必须能够满足不同岗位的时代要求，能够及时地调整工作岗位技能发展方向。如果学生过早的根据家庭的安排或者其他因素被迫选择了自己的专业，固化了自己的专业方向，那么学生在学习过程中可能会存在诸多阻碍，影响学习效果，学生此时的专业学习是被动式的学习，无法在兴趣的引导下主动去学习、实践。这种开放式的项目为学生的专业选择打开了全新渠道，但它不同于普通高等教育中的一些专业开放计划，不是一个完全开放的项目，因为它要求学生只能在两个专业中进行选择，因而只是一种有限的专业开放，既保证了学生专业选择的开放性，又保证了学校专业设置的均衡性。

（三）专业集群课程体系

现代社会已经逐步打破了各个专业之间的壁垒，专业之间的界限并不是非常清晰。作为开展职业教育活动的机构，义安理工学院非常重视专业与课程设置的应用性。为了促进学校各专业的可持续发展，学校对全校的专业进行集群规划，也就是在所开设专业的基础之上设置专业集群（course cluster），以此帮助学校相近专业之间互通资源，共同发展，促进二级学院之间的互相交流，让学校的教学资源得到更好的发挥。

目前，义安理工学院根据已有的专业情况设置了商业与管理、应用科学、建筑环境、工程、健康科学、人文科学、信息与数字技术、海事研究、媒体与设计等9个专业集群。这些专业集群是建立在所有二级学院开设的专业基础之上的，是为了进一步提升专业的融合性而提出的专业发展战略。每个二级学院可能会参与多个专业集群的建设，例如在商业与管理专业集群建设中，除了商业与会计学院的会计、银行与金融、商学、国际贸易与商业、旅游管理、商业规划等6个专业作为主体专业之外，还有人文与社会科学学院的艺术商务管理专业、设计与环境学院的房地产运营与管理专业，共计 8 个专业组成了该专业集群，见表 5.5。同时，有的专业根据需要，还可能会参与两个专业集群的建设，例如房地产运营与管理专业除了参加商业与管理专业集群的建设，还参与了建筑环境专业集群的建设。

表 5.5　商业与管理专业集群专业分布

学院	专业
商业与会计学院	（1）会计； （2）银行与金融； （3）商学； （4）国际贸易与商业； （5）旅游管理； （6）商业规划
人文与社会科学学院	艺术商务管理
设计与环境学院	房地产运营与管理

义安理工学院的专业集群建设并不是以传统的学院为基础进行的，而是根据产业发展需要将一些专业相近且能够互相融通的专业进行了整合，既要保证原有专业的独立性，又要突出专业的融合性。这种专业集群的建设策略打破了传统的学科界限，以专业集体的力量来推动学校的专业发展，既可以满足劳动力市场中现代职业对人才能力的全面需求，还可以整合学校的专业资源，实现专业发展的可持续性。

（四）辅修课程体系

义安理工学院为所有攻读文凭的学生提供了个性化学习渠道（Personalized Learning Pathway，PLP）项目。该项目为学生的未来职业选择提供了更多的可能性，学生在攻读文凭的过程中可以通过该项目修读适合自己的辅修课程，获取更多关键领域的技能和知识，增强自己未来的职业韧性，利于自己在劳动力市场中抓住更多的工作机会。

该项目主要面向在读的一年级学生，一般在第二个学期向学生开放课程。当前，该项目主要分布在专业技能、创业精神、全球就业准备和社会领导力等4个领域中，包括11门课程。具体领域与课程框架分布见表5.6。

表5.6 个性化学习渠道的领域与课程

领域	课程
专业技能	（1）数据分析和 AI； （2）物联网基础； （3）社交媒体营销； （4）用户体验设计； （5）网络安全； （6）应用心理学
创业精神	创业精神与指导
全球就业准备	（1）全球就业准备； （2）外语
社会领导力	（1）社会领导力； （2）可持续发展

由于产业界与学术界对于学生横向技能的逐步重视，学生需要掌握更多的与现代前沿科学技术相关的技能，而个性化学习渠道项目中的专业技能领域课程就是为学生这些能力的提升而开设的。创业精神是现代社会的重要要求，在校生需要了解社会发展的趋势，更要掌握创业的技巧与知识，通过创业精神领域的课程学习，学生可以获取创业起步的相关技巧，该领域课程由来自企业的导师、领先行业的专业人士负责授课。全球就业准备领域课程是帮助学生认识世界、建立全球意识的课程，学生在该领域课程的帮助下可以更好地认识亚洲其他国家及其社会，并强化自身的跨文化能力和多语言技能，为将来的海外就业做好工作准备。社会领导力领域课程引导学生在获得职业技能后继续保持对社会的责任感，为社会的可持续发展贡献自己的力量。

（五）预科项目课程体系

义安理工学院与新加坡理工学院一样开设了预科项目，招生的对象也是中学四年级学生，并为这些学生提供为期一年的预科课程内容。此预科项目的课程以实践为导向，师资均为义安理工学院的专职教师。

1. 公共课程体系

在课程设置方面，除了每个二级学院开设的专业课程之外，参加预科项目的学生还需要学习由学校组织的公共课程，这些课程按照学期开设，见表 5.7。

表 5.7　义安理工学院预科项目公共课程体系

学期	课程
第一学期	衔接英语 1
	数学基础 1
	自我发展
	体育与健身 1
第二学期	衔接英语 2
	数学基础 2
	文化与社区
	体育与健身 2

英语的学习主要是为学生提供进入文凭课程所需的语言技能，强调教学过程的评价，采用师生互动的方法，拓展学生的批判性思维能力，提高学生在听、说、读、写和人际交往方面的技能水平。数学基础课程为学生提供解决基本工程、科学和商业问题所需的数学基本技能，使学生更好地理解数学在现实生活中的应用。自我发展课程旨在帮助学生提升个人效能感和人际交往能力，采用体验和反思的方法鼓励学生在与他人的互动交流中反思自己的成长。文化与社区课程旨在加深学生们对文化在社区中如何

作用的理解和欣赏，学生在学习各种文化理论的过程中，还将在课堂上学习来自世界各地不同类型的文化，并学会在新加坡的文化背景下去理解域外的多元文化。体育与健身课程是通过各种运动增强学生的身心健康，并促进学生完善自我的性格发展。

2. 专业课程体系

义安理工学院的预科项目划分为科学、技术、人文社会科学三个领域，不同的二级学院根据各自的专业特点负责不同的领域。在这三个领域之下，各个二级学院可以按照需求设置各自的专业和专业课程。预科项目的学生除了学习公共课程外，还需要学习所在二级学院的专业课程，这些课程根据专业发展的特点构建了专业课程体系，见表 5.8。

表5.8 义安理工学院预科项目专业课程体系

领域	学院	专业	课程	
			第一学期	第二学期
科学	生命科学与化学技术学院	（1）生物医药科学； （2）化学与生物分子工程； （3）环境与水资源技术； （4）景观设计与园艺； （5）制药科学； （6）通用科学计划	（1）生命科学导论； （2）数字技能基础	（1）化学原理； （2）生物学基础
	健康科学学院	（1）护理； （2）验光		
技术	工程学院	（1）航空航天工程； （2）生物医学工程； （3）电气工程； （4）电子与计算机工程； （5）工程科学； （6）海洋与近海技术； （7）机械工程； （8）机电一体化与机器人； （9）通用工程规划	（1）物理学基础； （2）数字技能基础	（1）计算科学原理； （2）系统设计基础
	信息通信技术学院	（1）网络安全与数字取证； （2）数据科学； （3）沉浸式虚拟现实数据； （4）信息技术； （5）信息通信技术规划		

领域	学院	专业	课程	
			第一学期	第二学期
人文社会科学	商业与会计学院	（1）会计； （2）银行与金融； （3）商学； （4）国际贸易与商业； （5）旅游管理； （6）商业规划	（1）创业基础； （2）大众传媒入门	（1）人类行为； （2）数字技能基础
	设计与环境学院	（1）设计； （2）酒店与休闲设施管理； （3）房地产运营与管理		
	电影与传媒学院	（1）图像、声音与视频； （2）传播学； （3）媒体后期制作； （4）通用媒体规划		
	人文与社会科学学院	（1）艺术商务管理； （2）中国研究； （3）华文媒体与传播； （4）学前教育； （5）社区发展		

第三节 淡马锡理工学院的职业教育

一、淡马锡理工学院概况

淡马锡理工学院成立于 1990 年，是隶属于新加坡教育部的一所公立学校，位于新加坡东部的淡宾尼（Tampines）。该学院下设应用科学学院、商学院、设计学院、工程学院、人文与社会科学学院、信息学与信息技术学院等 6 个教学学院和 1 个基础研究中心，有 36 个全日制文凭专业和 40 多个的非全日制专业。截至 2023 年，淡马锡理工学院的在校生人数超过了 1.3 万名。

二、淡马锡理工学院入学渠道

（一）入学考核方式

淡马锡理工学院的入学考核方式与前述两所学校大致相同，主要包括国家联合招生考核（JAE）、理工学院联合招生考核（JPAE）、直接入学招生考核（DAE）、理工学院早期入学考核（Poly EAE）、理工学院预科项目等（PFP）。具体招生条件与其他理工学院基本也是一样的，考试报名也是通过在线网络完成。不过，淡马锡理工学院对现役军人（National Service-liable）的入学有新的要求，他们不能通过在线系统申请考试，必须与学校的招生人员单独联系并提供相应的资料，尤其是必须提供可以中断或者暂停服兵役的证明文件。

（二）电子化入学方式

淡马锡理工学院在入学的程序上与其他理工学院存在一定的差异。无论学生通过哪种方式通过了入学考核，学校都会通过电子邮件给学生发送一份录取通知书，同时还附加一个电子注册包（e-Enrolment Package），其中包括学生完成入学注册所需的相关信息和学校的基本信息。

学生在入学前需要登录淡马锡理工学院入学网站注册相关信息，包括个人的身份证明文件、电子邮件地址、入学通知书、父母或者监护人的信息、体检结果信息表、成绩单复印件等。通过该入学网站，学生还可以实现在线缴费、上传身份照片、申请校园卡等事宜。可以说，淡马锡理工学院基本实现了一站式在线处理，为学生入学提供了便利，提高了学生入学的效率。

三、淡马锡理工学院专业与课程体系

淡马锡理工学院的专业与课程体系主要分为四种类型，第一种是全日制文凭专业课程体系，第二种是成人继续教育文凭专业课程体系，第三种是预科项目课程体系，第四种是线上预备项目（Online Preparatory Programme）课程体系。[①]

（一）全日制文凭专业课程体系

淡马锡理工学院全日制文凭学生的修读专业主要由 6 个二级学院负责实施，各二级学院具体开设的专业见表 5.9。

表5.9　淡马锡理工学院全日制文凭专业框架

学院	专业
应用科学学院	（1）通用科学项目（一年制）； （2）化学工程； （3）食品、营养与烹饪科学； （4）医学生物技术； （5）制药科学； （6）兽医技术
商学院	（1）通用商务项目（一年制）； （2）会计与金融； （3）商学； （4）传播与媒体管理； （5）烹饪与饮食管理； （6）酒店与旅游管理； （7）国际贸易与物流； （8）法学与管理； （9）市场营销
设计学院	（1）通用设计项目（一年制）； （2）服装设计与营销； （3）视觉传达； （4）数字影视； （5）产品体验与设计
工程学院	（1）通用工程项目（一年制）； （2）航空电子； （3）航空工程； （4）建筑技术与服务；

---

① 资料来源于淡马锡理工学院网站。

学院	专业
工程学院	（5）航空管理； （6）生物医学工程； （7）商务运营与系统工程； （8）计算机工程； （9）电子学； （10）综合设施管理； （11）机电一体化
人文与社会科学学院	（1）学前教育； （2）心理学； （3）老年社会科学
信息学与信息技术学院	（1）通用信息通信技术项目（一年制）； （2）人工智能应用； （3）大数据分析； （4）网络安全与数字取证； （5）沉浸式媒体与游戏开发； （6）信息技术

由表5.9可以看出，除了人文与社会科学学院没有开设通用项目之外，另外5个二级学院都开设了与本学院相关的一年制通用项目，这些项目主要是为那些还不能确定自己专业的学生开设的，目的是鼓励学生通过更加广泛的课程来探索自己的兴趣与能力。人文与社会科学学院之所以没有设置此类项目，主要是因为淡马锡理工学院规定参加通用项目的学生必须接受过数学、英语以及一门理工类课程的教学，而人文与社会科学学院的很多学生无法提供此类课程的证明。

通用项目一般都是一年制的课程，学生完成一年的课程学习后，会根据自己的兴趣与学习结果在本学院选择适合自己的专业继续剩余两年的学习。当然，在通用项目实施过程中，每个二级学院都会为学生提供专门的教育与指导工作，具体包括教师、学生和校友的课程分享，以及行业讲座、企业访问、结构化反思和课程咨询评价等活动，旨在帮助学生更好地理解本学院的专业设置和培养目标，为学生在专业选择时提供更多的真实体验。

淡马锡理工学院为学生提供专业选择的项目相较于义安理工学院在范围上进一步扩大，其所有的理工类二级学院都开设了专业选择项目，这是该校在专业设置方面一项非常重要的改革举措，吸引了很多还不能确定自我专业发展的学生到该校求学。

（二）成人继续教育文凭专业课程体系

淡马锡理工学院成人继续教育文凭的专业课程设置更加多样化，主要包括短期课程、非全日制专业课程、大学预科课程、银龄课程、微学习课程、工业培训课程和在线课程等。这些课程面向的群体、所需的时间不尽一致，学员可以根据自己的需要选择不同的课程。成人继续教育文凭的专业设置按照产业类型划分为建筑环境、商贸与物流、数字化工业、护理、绿色产业、高端制造、商务管理、商务服务、专业技能发展与健康生活等几种专业类型。

由于淡马锡理工学院成人继续教育文凭的专业课程都是面向成人的，因此大部分课程都会明确标示课程费用，而且一般会提前3—6个月向社会公布课程的相关信息。下面以短期课程类型中的"反恐"课程为例进行说明。

"反恐"这门课程是属于建筑环境专业类下的一门短期课程。在当今社会，恐怖主义是一种持续存在的威胁，它会随着时间的推移而出现新的变化与新的形式。恐怖主义的变化对安全专业人员提出了新的要求，他们必须不断发展自我的管理理念并更新自己应对恐怖主义的知识和技能，以保护组织机构中的人员人身安全、资产运营安全，所以他们都需要参加此类课程的学习。

"反恐"课程已经获得新加坡安全协会（Security Association Singapore, SAS）的认可，参与者将获得"专业继续教育"（Continuing Professional Development，CPD）学分，可视作专业发展的一部分。

"反恐"课程授课的对象包括安全机构的所有者、内部安保人员、安全经理、安全主管和运营主管等。课程内容主要包括恐怖主义威胁的含义、恐怖主义袭击的趋势、恐怖主义的影响、应对恐怖主义的策略、恐怖主义的情报监测等。课程的主要目标是学员掌握恐怖主义的性质、人员特点和发展趋势，掌握安全措施的维护与改进方法，学会在遭遇恐怖主义袭击时减少损失，掌握遭遇袭击后快速解决问题的能力。课程的授课方式主要有讲授、问答、案例分析与研究、小组讨论、试题测验、沙盘推演等。课程的时长为1天，会根据学员不同的年龄及身份收取不同的费用，例如对于新加坡40岁以下公民收费为96.3新元、40岁及以上公民收费为36.3新元，对于新加坡永久居民收费为97.2新元。[①]淡马锡理工学院会提前3个月公布开课的具体时间和主讲教师信息，并会提供报名的详细程序与渠道。

（三）预科项目课程体系

淡马锡理工学院的预科项目课程由学校的基础研究中心负责。同前述两所理工学院一样，预科项目的学生必须取得新加坡剑桥普通教育A水准证书。目前，淡马锡理工学院6个二级学院的所有专业都接收预科项目的毕业生，也就是说，当学生顺利通过预科项目的考核后，可以在全校范围内选择自己要继续攻读的专业。在预科项目课程中，学生需要在一年内完成语言与交流、研究与推理、数学与逻辑思维、自主发展与效率、健康与健身5门公共课程和任意2门专业集群课程（见表5.10）的学习，达到学校的学分要求后便可以转入文凭课程的学习。

表5.10　淡马锡理工学院预科项目专业集群课程

学院	课程
应用科学学院	（1）生活化学； （2）生命生物学
商学院	（1）财务管理技术； （2）商务管理环境
设计学院	（1）色彩欣赏； （2）视觉叙事
工程学院	（1）工程科学； （2）计算与编程

---

① 资料来源于淡马锡理工学院网站。

学院	课程
人文与社会科学学院	（1）生命周期发展； （2）团队引导入门
信息学与信息技术学院	（1）逻辑与算法； （2）社交媒体与信息通信

预科项目课程的课程评价主要采用形成性评价、总结性评价、持续性评价、课程测验等几种方式，具体的方法包括随堂测验、课后测试、期末考试、实践练习、项目任务、活动参与、考前评估等。

（四）线上预备项目课程体系

线上预备项目课程体系同样是由基础研究中心负责的。这类课程是按照新加坡剑桥普通教育 O 水准证书的教学标准设计的，作为一种补充性的课程强化全校学生的英语和数学的基础。这类课程完全免费开放给淡马锡理工学院的所有学生，既不是强制性的学习要求，更不会将课程成绩计入学生的成绩表中，所以参加此类课程的人员是那些想继续加强自己英语语言和数学能力的学生。

线上预备项目课程主要包括英语语言预备课程（Preparatory English Language Programme，PrepEng）和数学预备课程（Preparatory Mathematics Programme，PrepMath）。

英语语言预备课程旨在强调英语沟通能力的重要性，并使学生具备基本的英语语言交流技能。该课程侧重于英语的语法、阅读理解和写作等方面的教学，内容包括词性、阅读理解 A、时态、句子结构、主谓一致、阅读理解 B、编辑、报告写作等 8 个模块，每个模块都包括互动学习视频、活动和附有答案的练习题。该课程还为学生提供了补充阅读材料，以加强他们的课外学习。在每个模块结束时，学生必须完成一项练习，以便于评估他们对该模块的理解。

数学预备课程主要包括算术和代数，这涉及学生对教学基础和概念的认知。该课程共有数字、代数公式、代数运算、代数高级运算、方程式、指数和根式、线性关系等7个主题，每个主题都包括互动学习视频、问题诊断和练习。此外，还有能力测试供学生在每个主题结束时评估自己的能力水平。

第四节　南洋理工学院的职业教育

一、南洋理工学院概况

南洋理工学院创建于1992年，目前可以提供40个全日制文凭专业的教育以及一整套基于终身教育理念建立的继续教育文凭。学校的价值观是关爱、诚信、实干、创新与团结，目标是为学生的生活与工作赋能，与学生共同促进产业的可持续性发展。南洋理工学院创立的"教学工厂"（Teaching Factory）理念被广泛应用。

目前，南洋理工学院下设应用科学学院（School of Applied Science）、商业管理学院（School of Business Management）、设计与媒体学院（School of Design & Media）、工程学院（School of Engineering）、护理与社会科学学院（School of Health & Social Sciences）、资讯科技学院（School of Information Technology）[①]等6个教学学院。有数据显示，在2021学年，南洋理工学院学生毕业半年内的就业率超过了90%。[②]截至2021学年，学校在校生约有1.3万人，已培养了11万余名毕业生。

二、南洋理工学院入学资格

南洋理工学院的入学考核方式主要包括国家联合招生考核（JAE）、

---

① 南洋理工学院对自己的二级学院有官方的中文表述，本书中采用其官方的中文表述。
② 资料来源于南洋理工学院网站。

理工学院联合招生考核（JPAE）、直接入学招生考核（DAE）、理工学院早期入学考核（Poly EAE）、理工学院预科项目（PFP）和登记护士直接入学招生考核。

此外，南洋理工学院还明确了不能通过以上入学考核方式申请入学的申请人应提交的材料和考核方式。

（一）需要提交的材料

1. 基本材料

归国的新加坡公民、具有新加坡永久居民资格的外国人必须完成包括中学教育在内的 10 年教育，而国际学生则必须完成 12 年的教育并取得了毕业证书。如果申请人不能提供毕业证书，则必须参加南洋理工学院组织的入学考试中的英语考试科目。如果是申请进入设计与媒体学院，还需要提供一份数字化简历。

2. 英语成绩单

申请人必须提供英语成绩单，如果成绩单原文是非英文的则需要进行翻译并公证。申请人英语成绩的要求包括：如果申请人来自母语为英语的国家，那么其 12 年学习生涯中的英语成绩不能低于总成绩的 70%；母语为非英语的申请人，则必须提供雅思或者托福的成绩，雅思总分不得低于 6 分且听力、阅读、写作与口语都不能低于 6 分，托福成绩不能低于 78 分，若不能提供雅思或者托福的成绩，那么必须参加南洋理工学院组织的入学考试中的英语考试。

（二）考核方式

申请人通过了学校的审核后，就可以参加学校的入学考试。南洋理工学院的入学考试包括数学、英语和科学三个类别的科目，一般根据申请人的个人条件选择考试科目的数量及具体内容。其中，科学科目主要包括生物、化学和物理。申请人缴费后就可以参加考试了。

但是，如果申请人持有文莱普通教育证书O水准（Brunei's General Certificate of Education-Ordinary Levels）、国际普通中等教育证书（International General Certificate of Secondary Education，IGCSE）、国际大学预科文凭（International Baccalaureate Diploma，IB）、马来西亚教育文凭（Sijil Pelajaran Malaysia，SPM）、马来西亚独立华文中学统一考试文凭（Unified Examination Certificate，UEC），则无须参加入学考试。

需要说明的是，如果申请人申请的是设计与媒体学院的专业，则会被要求参加额外的笔试或者面试；如果申请的是商业管理学院的大众传媒管理专业、运动与健康管理专业，申请人需要参加额外的面试；如果申请的是护理与社会科学学院的牙科卫生与治疗专业，申请人需要参加动手能力的测试。

（三）中国申请人的最低入学要求

南洋理工学院还特别说明了来自中国的申请人的最低入学要求，除了需要提供基本材料外，中国申请人必须提交最近一次的高考成绩，其中英语、数学成绩必须高于满分的60%以上，另外1门与专业相近的科目和2门最好成绩的科目也需要高于满分的60%以上。如果高考科目只有4门，那么最好成绩科目只需要提供1门即可。

可以看出，南洋理工学院对于申请人条件的要求非常详细而具体，为申请人提供了丰富的参考信息，有利于申请人根据自己的兴趣和条件进行申请。

三、南洋理工学院专业与课程体系

目前，南洋理工学院在二级学院中开设了多个全日制文凭专业课程和通用项目课程，同时还要求各个二级学院向学生提供通识教育模块（General Studies Modules，GSM）的课程。其中，全日制文凭专业课程是根据二级学院的专业特点设置的，通用项目课程是为了那些还不能确定自己专业领域的学生提供的一年期课程，而GSM则是向学生提供专业以外的知识与技能的一种拓展性课程。除了以上几种专业课程体系外，南洋理工学院还提供预科项目课程和"文凭+"项目课程。

（一）全日制文凭专业课程体系

南洋理工学院的教学主体是下设的 6 所二级学院，这些学院为全日制文凭学生提供了丰富的专业课程体系，见表 5.11。

表 5.11 南洋理工学院全日制文凭专业框架

学院	专业
应用科学学院	（1）通用科学项目； （2）应用化学； （3）生物制品与工艺； （4）科技化学与药剂； （5）科技食品科学与营养学； （6）药物科学
商业管理学院	（1）通用商业项目； （2）会计与金融； （3）银行与金融； （4）商业管理； （5）餐饮业管理； （6）酒店与旅游管理； （7）大众传媒管理专业； （8）运动与健康管理
设计与媒体学院	（1）通用设计与媒体项目； （2）动画游戏与视觉效果； （3）架构； （4）沟通与动态设计； （5）工业设计； （6）游戏开发与科技专业
工程学院	（1）通用工程项目； （2）先进与数字化制造； （3）航空与航天科技； （4）航空航天系统与管理； （5）人工智能与数据工程； （6）生物医药工程； （7）电子与计算机工程； （8）工程与商业； （9）信息通信与媒体工程； （10）纳米技术与材料学； （11）机器人与机电一体化

学院	专业
护理与社会科学学院	（1）护理； （2）牙科卫生与治疗； （3）社工
资讯科技学院	（1）通用信息通信技术项目； （2）商业与金融科技； （3）应用人工智能与分析； （4）网络安全与数字取证； （5）信息通信与安全； （6）信息技术

由表 5.11 可以看出，南洋理工学院所有二级学院都有自己的专业领域，且只有护理与社会科学学院没有相关的通用项目课程，究其原因是该学院受专业所限无法开设相关的通用项目课程。

南洋理工学院的全日制文凭专业课程主要由二级学院负责，下面以应用科学学院的应用化学专业为例来说明南洋理工学院的专业课程建设。

1. 专业概况

众所周知，化学与人们的生活息息相关，现代生活从饮食、药品、服装、材料到工业产品都离不开现代化学知识的支撑。应用化学专业旨在让学生能够掌握与应用化学领域相关的知识与技能，能创造创新化学产品和药品来影响人们的生活；培养和提升学生为开发绿色化学产品提供技术性支持的能力，从而应对相关行业的全球挑战。应用化学专业培养的职业方向包括：分析化学师、药物制剂研究员、实验室主任、产品研究员、质量保障专员、质量管理化学师、监管事务执行官、研发专员、技术销售等。[1]在该课程的学习过程中，学生会深入了解实验室管理，学习包括生产规范、操作要求在内的质量保障体系。该专业还会让学生参与行业企业的研究项目，磨炼学生的实验设计技能，紧跟现代化学新兴技术的发展。

---

① 资料来源于南洋理工学院应用科学学院网站。

2. 专业目标

目前，食品、制药和生物制品等行业都要求从业者具有较强的化学应用能力，所以应用化学专业通过一系列课程与实践训练来提升学生使用化学材料合成和分析的能力，进而帮助学生获得相关行业知识和技术技能。该专业拥有十分先进的实验室，可以开放给学生进行广泛的实践培训活动。此外，该专业还与日本岛津（Shimadzu）、德国默克（Merck）和荷兰帝斯曼营养（DSM Nutritiona）等行业领先企业开展合作，聘请行业专业人员到学校为学生开展教学与培训工作。通过该专业的学习，学生将会在化学、食品、制药和生物制品等行业获得一份有回报和充满活力的职业，在未来可以为企业、社会创造更多的价值，提供更好的解决方案和产品，成为一名具有社会责任感的公民。通过该专业在人才培养目标上的规划可以看出，南洋理工学院在专业目标上不仅要求学生掌握相关的知识与技能，还时刻提醒学生要为企业、社会贡献智慧，要用绿色的技能来完成岗位工作，这体现了南洋理工学院在人才培养过程中对人才通识性知识的重视。

3. 教学策略

在具体的人才培养过程中，南洋理工学院实行了以专业能力为基础的教学模式——NYP 专业能力模型（NYP Professional Competency Model，NYP-PCM）。这种教学模式强调以培养学生的能力为教育教学活动的基本出发点与落脚点，课程的设置坚持能力培养为先。应用化学专业为践行 NYP-PCM 要求采取了一些具体举措：首先是将专业与产业关联，邀请来自行业企业的专家参与专业的教学活动；其次是实现了行业专业认证（Professional Accreditation），在学生参加学习活动的过程中，为学生提供参加专业认证的机会，使学生始终能够满足行业技能的需求；再次，专业在面对复杂市场环境时会做出快速反应（Agile Response），及时更新自己的课程体系，使学生掌握最新的技能和知识；最后，强调综合学习（Integrated Learning），让学生学习多种多样的课程知识，做到学习的系统性与全面性。可以看出，应用化学专业教学策略的主要特点就是专业发展紧跟行业发展需求，坚持行业标准就是教学标准，行业对于人才的需求就是课程教学的主要内容。

4．能力为中心的课程结构

南洋理工学院的专业策略是以学生的能力为中心，其课程结构采用能力为基本单元。应用化学专业的课程结构被划分为 25 个能力单元（Competency Units，CmUs），这些能力单元都具有跨课程的特点，在每个能力单元中，来自不同科目的技能和知识被整合，使学生能够根据自己的能力特点完成特定的工作任务。同时，这 25 个能力单元分布在 6 个专业技能领域中，分别是实验与产品设计、合成与纯化、生物分析和微生物检测、仪器分析、湿法分析应用、实验室操作和质量体系保障。这 6 个专业技能领域为课程的规划提供了基础，学院按照 3 年的学制为这些专业技能领域设置了相关的课程，见表 5.12。

表 5.12　应用化学专业技能领域课程体系

学年	专业技能领域	课程
第一学年	（1）实验与产品设计； （2）合成与纯化	（1）科学过程中的应用微积分； （2）生化分析； （3）化学实验室技能； （4）数据与统计方法； （5）仪器和测量； （6）应用科学项目； （7）有机方法论； （8）微生物学技术； （9）化学结构和反应性； （10）色谱技术； （11）滴定和重量分析； （12）样品制备和提取技术
第二学年	（1）生物分析和微生物检测； （2）仪器分析	（1）特种化学品开发； （2）化学系统； （3）合成与纯化技术； （4）光谱技术； （5）实验室质量管理； （6）化学分析项目； （7）反应和机制； （8）药物合成与配方； （9）生物分析技术； （10）元素分析； （11）产品设计项目

学年	专业技能领域	课程
第三学年	（1）湿法分析应用； （2）实验室操作和质量体系保障	（1）可持续设计与实施； （2）应用研究与开发； （3）有机金属与催化应用； （4）制造规范； （5）商业安全； （6）实验设计项目； （7）实习计划； （8）海外实习计划； （9）毕业项目设计（一年）

在这些专业技能领域中，对学生最后的毕业技能评价是"四位一体"的，也就是说学生在完成了专业技能领域的课程学习后，需要参加相关的评价，而评价并不是完全按照专业技能领域来开展的。

应用化学专业的毕业评价强调学生的技能要与日后的职业联系起来，而以上 6 个专业技能领域是在课程设置方面的依据，并不能用来对学生整个三年的学习进行评价。应用科学学院在参照企业标准的前提下设计了技能评价体系，这里的"四位一体"包括应用科学实践、产品设计、化学分析、实验设计，学生通过学习与训练这 4 个方面的技能实现能力提升。同时，应用科学学院还对这 4 个方面的技能评价进行了操作化的描述：应用科学实践包括仪器和测量技术、生化分析、化学实验室技能、数据与统计方法、应用科学项目；产品设计包括有机方法论、样品制备和提取技术、特种化学品开发、产品设计项目；化学分析包括化学结构和反应性、色谱技术、样品制备和提取技术、化学分析项目；实验设计包括合成与纯化技术、可持续设计与实施、有机金属与催化应用、实验设计项目。

可以看出，应用化学专业在以专业能力为基础的教学模式的要求下，打造了非常全面系统的专业结构与课程框架。应用科学学院坚持产教融合的理念，将行业企业的需要融入自己的教学标准，引入行业导师指导学生，在重视学生基本就业技能的同时还强化学生实际开展项目的实践经验。

（二）通识教育模块课程体系

为了给学生提供更加全面的教育，让学生不局限于自己选择的专业领域，南洋理工学院还为学生提供了一系列的通识教育模块课程。这些课程涵盖了广泛的主题内容，目的是让学生拓宽视野、接触到其他有可能感兴趣的领域，让学生通过广泛的学习体会到专业之外有趣和实用的知识与技能，培养学生热爱工作、热爱生活的态度。

通识教育模块课程一般划分为必修与选修两个部分，必修部分需要学生在前两个学年内完成，选修部分则可以延长到第三学年完成。必修课程全校统一开设，共计105个学时，选修课程则根据二级学院的需求由各学院自行开设。

1. 必修课程

学生在不同的学年需要完成不同的必修课程（见表5.13），每个课程都有各自的特点。其中"健身与运动"课程提供了丰富的体育运动和健身项目供学生选择，有足球、壁球、飞盘、篮球、乒乓球和游泳等体育运动，还有跆拳道、有氧操、舞蹈和瑜伽等健身项目；对于那些由于身体原因不便参加户外运动或者健身项目的学生，学校还提供了一些无须剧烈运动的室内项目，例如棋类活动。

表5.13　通识教育模块课程中的必修课程

学年	课程	需要完成的学时
第一学年	个人生涯规划1	15个学时
	认识新加坡1	15个学时
	健身与运动	30个学时
第二学年	个人生涯规划2	15个学时
	认识新加坡2	15个学时
	社会礼仪	15个学时

2. 选修课程

南洋理工学院通识教育模块课程选修课程的开课时间较为复杂，从学生入学的第一学年到第二学年都有开设，具体由二级学院根据自己的特点自行决定。虽然各选修课程都有自己的专业特色，但是 GSM 的目的就是拓展学生的视野，所以学校鼓励学生跨学院、跨专业地去选修。同时，无论这些课程开在哪个学期，它们都是围绕相关专业领域而进行的，相较于必修课程，它们跟自己学院的专业特色联系更加紧密，例如工程学院就开设了"四旋翼飞机入门""绿色能源""3D 打印技术"等课程。除了开设专业选修课程的学院外，南洋理工学院的基础与通识学科研究中心（Centre for Foundation & General Studies, CFGS）还开设了"和谐社会关系增进个人幸福""情商""自我效能感发展""法语入门""德语入门"等课程，作为 GSM 的选修课程供学生选择学习。

可以看出，南洋理工学院通识教育模块的课程体系非常丰富，该体系从学生未来的职业生涯、个人生活和健康发展出发，引导学生树立正确的价值观，帮助学生养成健康的生活方式，在一定程度上确实拓展了学生的视野，将学生从一些看似枯燥的专业课程中引导出来，对于调动学生的学习热情、营造良好的人际关系都起到了积极的作用。

（三）预科项目课程体系

南洋理工学院的预科项目是专门为具有新加坡剑桥普通中等教育 A 水准的学生开设的一年制课程，在招生方面实行邀请制，即只有学生达到了南洋理工学院的最低入学要求，学校才会向学生发出邀请，只有收到邀请的学生才可以通过线上申请参加预科项目，通过学校的审核与考核后就可以入学了。

预科项目的课程主要分为公共模块和专业模块两个部分。公共模块包括英语、数学、生活与工作基本技能、体育与健身 4 门课程，学生在每个学期都需要修读这 4 门课程。专业模块的课程是按照专业领域开设的，学生在每个学期需要修读 2 门课程。南洋理工学院预科项目的专业模块课程体系见表 5.14。

表 5.14 南洋理工学院预科项目的专业模块课程体系

专业领域	学期	课程
应用与健康科学	第一学期	（1）生物原理 1； （2）无机化学
	第二学期	（1）生物原理 2； （2）有机化学
商务	第一学期	（1）现代商务； （2）商业计算与网络
	第二学期	（1）会计与金融基础； （2）商务写作
设计与媒体	第一学期	（1）设计基础 1； （2）应用艺术学 1
	第二学期	（1）设计基础 2； （2）应用艺术学 2
工程	第一学期	（1）物理科学 1； （2）信息通信
	第二学期	（1）物理科学 2； （2）综合项目
信息技术	第一学期	（1）信息技术原理； （2）网络传播
	第二学期	（1）数据概论； （2）信息技术实务

（四）"文凭 +"项目课程体系

南洋理工学院的 6 所二级学院都开设了"文凭 +"项目课程，这些课程开设的对象是那些在毕业后有机会继续到普通大学攻读学位的学生，目的是扩大学生的学习范围，为其到普通大学学习做好准备。

在学习过程中，除了主要的模块外，学生可以自己选择学习模块。在成功完成此项目后，学生毕业时会收到一份单独的项目课程成绩单，上面会注明课程名称、学时和成绩。以商业管理学院为例，它的"文凭 +"项目开设了 2 门课程。

一个是"酒店行业分析"课程，30个学时。通过该课程，学生能够利用各种指标体系对酒店的运营进行分析，能够通过物业水平基准测试和酒店行业绩效报告中使用的技术手段分析酒店的收入。学生完成本课程学习后，可以参加酒店行业分析认证，该认证是唯一一个针对专注于酒店分析的专业人士进行的水平认证，由美国饭店协会教育学院（American Hotel & Lodging Educational Institute，AHLEI）和史密斯旅游研究所（Smith Travel Research，STR）提供。

另一个是"商业机器人"课程，45个学时。该课程涉及的机器人自动功能，是目前最有助于推动所有行业企业数字化转型的技术之一，可以帮助相关行业企业更好地应对运营挑战。学生完成本课程学习后，将具备部署商务机器人以实现业务运营自动化的技术技能。

第五节　共和理工学院的职业教育

一、共和理工学院概况

共和理工学院是新加坡成立最晚的一所理工学院，它创建于2002年，最初的招生人数只有800人。多年来，学校规模不断壮大，逐步成为一所具有卓越学术声誉的高等职业院校。目前，该校有在校生大约1.4万人，教职员工1 000多名。共和理工学院是新加坡第一家在所有全日制文凭专业课程教学中实施基于问题的教学法的教育机构。

共和理工学院目前下设7所学院，可以提供应用科学、工程、酒店管理、管理传播、信息通信、体育健康与休闲、艺术技术等领域的专业课程教学。同时，为了支持新加坡促进终身学习的国家战略，学校成立了继续教育学院，为成人提供广泛的非全日制课程。共和理工学院致力于在解决问题的目标下和终身学习的环境中，培养具有创新意识和创业能力的应用型人才。学校的核心理念是卓越、爱生、诚信、团结、进取，在这种理念的引导下，学校与多方的利益相关者进行合作，利用基于问题的教学法来培养学生，让他们为进入一个充满活力的世界做好充足的准备。

二、共和理工学院入学资格与程序

作为最晚成立的理工学院，共和理工学院的入学考核方式与其他理工学院相同，主要包括国家联合招生考核（JAE）、理工学院联合招生考核（JPAE）、直接入学招生考核（DAE）、理工学院早期入学考核（Poly EAE）、理工学院预科项目（PFP）等。

（一）入学要求

在入学要求方面，共和理工学院会通过自己的官方网站向社会公布非常详细的申请资格、条件和特殊情况等信息。对于参加理工学院早期入学考核的申请人，学校专门提供了开放日参观、简历优化指导和面试技巧培训等活动。以 2023 年的理工学院早期入学考核项目为例，共和理工学院在 2023 年 6 月举办了类似校园开放日的活动，为申请人提供了约 90 分钟的对话交流活动，共和理工学院的校长在这个活动中向申请人介绍了早期入学考核的基本情况，解答申请人的疑问，还带领申请人参观了学校的相关教学设施。[①] 简历优化活动就是学校根据录取要求，协助申请人将自己的特点与潜力更好地以文字或者数字化的形式展现出来，目的是帮助申请人在未来申请过程中更加全面、清晰地表达自我。

除了以上最为常见的几种入学考核方式之外，共和理工学院还对其他考核方式进行了具体的描述，以帮助申请人更好地选择适合自己的入学考核方式。例如，对于 2022 年国际学生的申请问题，学校在公布入学资格的详细条件之外，还公布了具体的程序与时间要求，见表 5.15。

---

① 资料来源于共和理工学院网站。

表 5.15　2022 年共和理工学院国际学生申请入学资格与时间安排

资格类别	申请时间	录取结果公布时间
马来西亚教育文凭（SPM）资格	2022 年 10 月 25 至 2022 年 11 月 4 日	2023 年 3 月 31 日
马来西亚独立华文中学统一考试文凭（UEC）资格	2023 年 1 月 12 日至 2023 年 1 月 17 日	2023 年 3 月 31 日
国际普通中等教育证书	2023 年 1 月 18 日至 2023 年 1 月 25 日	2023 年 3 月 31 日
国际大学预科文凭（IB）	2023 年 1 月 12 日至 2023 年 1 月 17 日	2023 年 3 月 31 日
其他国际资格	2022 年 10 月 25 至 2022 年 11 月 4 日	2023 年 3 月 31 日

（二）入学程序

在学生的入学程序上，共和理工学院共划分了新加坡籍学生、国际学生、理工学院预科项目学生三种不同的类型。

1. 新加坡籍学生

新加坡籍学生第一步需要使用自己的"新加坡通行证"（SingPass）登录学校录取系统，填写个人信息并接受录取；第二步，确认自己的个人信息，例如教育背景、紧急联系人和家庭住址等，同时还需要在系统中上传同意入学声明；第三步，继续上传一些必要的佐证材料，例如监护人同意书等；第四步，上传入学条件文件，例如国家服兵役证明、健康体检结果等；第五步，阅读学校的学费资助政策文件。完成以上步骤即完成入学准备工作。

2. 国际学生

国际学生如果没有"新加坡通行证"，则需要在录取系统进行账号注册，再填报系统。第一步，上传录取通知书中的学号和个人信息等内容；第二步，确认个人信息情况，上传同意入学声明，并到新加坡指定地点完成健康体检；第三步，上传自己的必要信息，例如护照编码、照片等；第四步，上传自己的体检证明文件；第五步，阅读学校的学费资助政策文件。

3. 理工学院预科项目学生

共和理工学院预科项目的学生第一步也是使用"新加坡通行证"登录入学系统，填报个人信息，如果没有"新加坡通行证"，可以在学校录取系统注册账号；第二步，确认个人的录取信息；第三步，上传监护人同意书、个人资格证明文件；第四步，上传体检证明文件；第五步，通过线上系统或线下银行设备缴纳学费。

三、共和理工学院专业与课程体系

共和理工学院的全日制文凭专业分布在 7 个专业领域中，分别由不同的二级学院负责。这些专业全都可以使用基于问题的教学法开展教学工作，以此培养学生终身学习、适应时代发展的就业能力。

（一）专业领域与结构

共和理工学院的学制是 3 年，学生修读 30 门学科课程并通过考核，才能完成学业。学校每个学期开设 5 门学科课程，学习的形式是将学生分为多个学习小组，在教师的指导下根据学科特点设计问题并解决问题，这样的教学模式为"一天一题"教学模式。[①] 在这种教学模式下，共和理工学院构建了自己的专业领域与结构，并对相关的专业领域进行了说明，见表 5.16。

---

① 马东影，卓泽林. 新加坡教育研究［M］. 南宁：广西教育出版社，2023：208.

表 5.16　共和理工学院专业领域与结构分布情况

专业领域	专业	专业说明
应用科学	（1）应用化学； （2）生物医学； （3）生物技术； （4）共同科学计划； （5）环境与海洋科学； （6）药学	该专业领域期望将学生培养成可以改变食品供应条件，解决复杂营养、医疗和环境问题的变革者，或者是可以在气候科学和海洋生态学等领域的前沿开展工作的专业人士
建筑环境	可持续性建筑	该专业主要关注建筑和基础设施，帮助学生掌握智能基础设施发展和新加坡城市景观可持续发展的知识与技能
商务管理	（1）商学； （2）商业方案设计； （3）消费者行为研究； （4）企业客户体验管理； （5）酒店与酒店管理； （6）人力资源管理与心理学； （7）综合活动管理； （8）户外与探险运营； （9）餐厅和烹饪运营； （10）航空管理； （11）工业与运营管理； （12）科技旅游管理	该专业领域可以帮助学生在商务管理行业取得辉煌的职业成绩，引导学生成为精通商业的企业家或能够将商业机构推向新高度的战略家； 该专业领域的专业还可以为学生提供在商业或酒店管理行业必要的专业知识与技能
工程	（1）供应链管理； （2）航空航天工程； （3）通用工程方案； （4）电气与电子工程； （5）工程设计与商务； （6）工程系统与管理	该专业领域为学生提供新的创造创新技术和解决方案，可以帮助学生结合工程逻辑和艺术想象解决现实生活中的挑战，例如来自航空航天、电子通信和供应链管理等不同行业的挑战
健康科学	（1）健康管理与推广； （2）体育与健康方案设计； （3）卫生服务管理； （4）运动教练； （5）运动与锻炼科学	该专业领域可以帮助学生胜任体育、健康行业的工作岗位，学生可以为人们提供有意义的户外和冒险体验，还可以帮助人们提升健身运动的水平
媒体与设计	（1）大众传媒； （2）艺术与剧院管理； （3）媒体设计与制作； （4）游戏设计； （5）用户体验设计； （6）声音艺术； （7）艺术设计和媒体方案规划	该专业领域可以帮助学生学习如何制作一部电影、开发一个视频游戏，甚至是利用下一代 AR 技术改变行业。学生通过学习可以提升艺术水平，成为一名专业的艺术创意人员

续表

专业领域	专业	专业说明
信息与数字技术	（1）商业信息系统； （2）信息通信技术共同计划； （3）数字化设计与开发； （4）金融科技； （5）信息通信安全管理； （6）信息技术	该专业领域促使学生成为一名精通技术的 IT 专业人士，争取在竞争激烈、快节奏的信息通信市场中脱颖而出。学生完成学业后，既可以开发一个移动应用程序，还可以提出一流的商业智能解决方案

（二）"文凭 +"项目课程体系

共和理工学院也实施了"文凭 +"项目课程，但是涉及的专业非常有限，目前只开展了面向国际贸易专业的项目，收费 140 新元。

全球化已经成为现代社会发展的重要特征，全球化的到来也深刻改变了新加坡经济的发展方向。作为国际贸易专业的学生，应该主动适应全球化给市场带来的各种变化与要求，不断提升自己在全球就业的能力。此外，"文凭 +"项目课程能锻炼学生的跨文化交际能力，让学生知晓不同地区贸易的文化与特征，深入了解各个地区的文化交流风格，为将来与全球客户沟通奠定良好的文化基础。

1. 课程模块

"文凭 +"项目分为三个课程模块，第一个是"国际贸易简介"课程模块，第二个是"跨文化视角下的市场营销"课程模块，第三个是"跨文化视角下的网络沟通"课程模块。

"国际贸易简介"课程模块主要是对全球商业环境进行概述性介绍，帮助学生了解新加坡发展过程中外部经济运作的基本原理，以及影响新加坡企业在国内和全球竞争能力的因素。该课程还会对进出口程序、常用运输条件和贸易融资机制等术语进行介绍。

"跨文化视角下的市场营销"课程模块主要是帮助学生从国际角度理解营销的基本理论，通过各种各样的跨文化营销案例体现国际贸易中文化交流的重要性。

"跨文化视角下的网络沟通"模块课程向学生介绍与跨文化商业交流相关的广泛原则和最新问题，并为学生提供发展跨文化沟通和谈判技能的机会。学生将学习跨文化商业网络沟通与交流的方法，以及在各种商业环境中的基本礼仪。该课程还为学生提供与不同文化的商业合作伙伴进行有效沟通和谈判的知识与技能。该课程主要利用基于问题的教学法，通过研讨会、小组讨论、案例研究、多媒体技术运用、实践活动等形式，向学生传授国际商业和营销的核心原则和概念。

2. 课程计划

　　"文凭+"项目的三个课程模块开设的时间是在学生三年级毕业前的一个学年，每个模块 45 个学时，共 135 个学时。由于学生还有其他的文凭专业课程需要学习，而本项目属于补充拓展性的课程，所以这三个课程模块的开课时间基本上会避开学生正常专业课程的时间。以 2022 年的"文凭+"项目课程为例，"国际贸易简介"上课时间都是在每周三、周五的18:30—21:30，这样就不会影响学生学习其他的文凭专业课程，而且该课程模块只开设在正常的学期，寒暑假等假期时不开课。该课程模块目前主要的教学方法除了讲授法之外，还要求学生以小组讨论的形式开展专题性的讨论。课程模块结束后，需要学生进行课后汇报。

　　"文凭+"项目的课程模块没有考试，教师会根据学生的出勤情况和日常表现给予课程成绩。教师一般会要求学生在每个课程模块中至少保证80% 以上的出勤率，只有每个课程模块的考核都通过后才能颁发"文凭+"的证书。

第六章
新加坡职业教育中的
"教学工厂"

　　世界范围内，每个国家在职业教育领域都有各自的特点与优势，例如德国的"双元制"为德国的制造业发展提供了重要的人才支撑，澳大利亚的技术与继续教育学院支撑起了澳大利亚的职业教育体系，日本的专门学校为日本的职业教育提供了新的提升机会。而新加坡，除了有中等职业教育领域集中管理的工艺教育学院制度，有高等职业教育领域实行的理工学院负责制度之外，还有由南洋理工学院在职业教育人才培养过程中创建的"教学工厂"教学模式，这是新加坡职业教育的名片。"教学工厂"这种教学模式受到了世界范围内的广泛关注与模仿，提高了新加坡职业教育的效率，也为世界职业教育的发展贡献了新加坡智慧。

第一节 "教学工厂"的概念

一、"教学工厂"的建设历程

南洋理工学院最初提出"教学工厂"的概念,是由于新加坡职业教育人才培养质量普遍较低,不能满足市场对于人才技能的要求,所以需要一项新的教学模式来提升人才培养的质量。

(一)学习西方发达国家的职业教育教学策略

20世纪90年代,新加坡经过20多年的高速发展逐步进入发达国家的行列,但亚洲金融危机后其经济发展速度又开始变缓,经济开始出现转型。经济的转型必然会带来劳动力市场的巨大变化,新的经济形态开始出现,一些传统的行业开始衰落。尤其是进入21世纪后,信息技术的广泛应用提高了社会对劳动者信息技术技能的要求。这种对劳动力市场需求的反应体现在教育领域中,受影响最深的就是与产业联系最为紧密的职业教育。此时,新加坡的职业教育机构开始按照时代的发展不断革新自己的职业教育教学活动。

在改革的过程中,新加坡调研了许多职业教育先进国家的经验与做法,在不同层次的职业教育中建立了职业教育资格证书制度,通过证书、文凭来实现对职业教育人才的认可。在教育教学环节中,新加坡借鉴了职业教育影响力最大的德国的做法,开始学习德国的"双元制"。但是,新加坡在模仿德国的过程中又发现了新的问题:由于德国的国土面积、自然资源和产业结构等都与新加坡存在巨大的差异,其"双元制"在新加坡很难顺利实施。这主要是因为"双元制"模式需要学生进入企业进行实习实训,但是新加坡国土面积狭小,本地的企业主要以商务服务业和航运业为主,企业能够提供实训实习的空间有限,没有办法满足大规模学生实训实习的需要。所以,南洋理工学院根据新加坡的现实情况与产业特点改造了德国的"双元制",形成了自己的职业教育教学策略。

（二）采用校办工厂的形式将企业的车间迁移到学校中

南洋理工学院坚持"双元制"中校企合作的理念，认为职业教育必须与产业联系起来，脱离了产业行业的职业教育是没有意义的教育，更是没有责任的教育。职业教育作为与产业联系最为紧密的一种教育类型，必须紧跟社会生产活动发展趋势与要求，必须为社会发展服务，为人们的生产生活服务。因此，南洋理工学院转换思路，将"双元制"中学生实训实习的地点迁移到学校，避免了企业实训实习空间不足的问题。也就是说，学生在参加职业教育学习的过程中必须参加实训实习活动，只是无须再进入企业开展此类活动，学校按照企业的标准在校内建立了符合企业培训要求的标准化工厂，邀请或者与企业合作在校内开展真实的项目合作。

众所周知，许多学校的仿真车间只是让学生在车间感受工作环境，体验工作过程，了解了未来的工作情境，之后会有一些实训的项目，但是这种训练是建立在校内教师的指导之下的，并不是按照企业标准开展的真实生产过程，也不会有真正的产品生产出来，而南洋理工学院这种校内的工厂开展的却是真实的生产活动。

（三）全面建成"教学工厂"

在南洋理工学院创建"教学工厂"的最初阶段，一方面，学校与企业合作，将企业的项目、产品引入校办工厂，使得企业的部分技术技能人才到校办工厂开展工作活动。在这种情况下，学生就可以进入校办工厂跟着来自企业的行业导师进行学习。另一方面，学校还组织部分教师在校办工厂中开展产品的实际生产工作，以便让学生观摩学习。

后来，学校发现校办工厂只能承担一些与工业相关的相对简单的工艺制造工作，这与当时新加坡面临的经济转型过程中对信息技术、商务服务的实际需求联系得不够紧密，于是扩大了校办工厂的功能范围，让一些商务服务型企业进驻学校开展合作。具体的形式就是以合作项目的方式与企业开展项目开发、产品研发与更新等活动，把校办工厂办成"教学与工作的场所"，并将其命名为"教学工厂"。此时的"教学工厂"既可以承担项目的培训工作，还能承担产品生产，又能为教学提供场所，也就是说，"教学工厂"已经不是单纯的一个固定的场所，而是突破了空间的概念，已经作为职业教育活动的一种重要模式为新加坡的职业教育贡献着自己的力量。

二、"教学工厂"是一种融合了理念与方法的教学模式

如前所述，"教学工厂"经过一定的发展之后已经扩大了自己的功能，实际上"教学工厂"既是南洋理工学院在学校人才培养过程中创建的一种教学模式，也是职业教育与培训工作相结合的一种理念，更是学生开展职业教育学习的一种方法。所以，"教学工厂"是一种综合的职业教育模式，经过不断地改进与发展，它已经不仅仅局限于作为微观的职业教育教学领域的一种技能培训方法，而是拓展为学生的"学"与教师的"教"相融合的一种模式。同时在宏观层面，"教学工厂"还突破了南洋理工学院的范畴，它作为新加坡职业教育机构普遍开展职业教育活动的一种制度理念获得了普遍的认可。

（一）作为一种教学理念

作为一种教学理念的"教学工厂"，为职业教育的人才培养提供了将学校的理论和实践教育与企业的真实生产相结合的办学方针。职业教育培养的人才，其最主要的出路就是直接进入劳动力市场从事与自己专业相关的工作，但是学校的专业教育虽然开展了充分多样的实践训练活动，但依然是建立在学校学科体系之下的，其逻辑的起点是学科知识。而企业所需要的人才是能够顺利完成生产任务的技能工人，是以企业生产为目标的，强调的是人才的生产技能。企业的生产标准与学校的学科体系很多时候是有出入的，因此要实现职业教育人才培养质量的提升，必须要从企业的视角来重新思考培养培训活动的标准。通过"教学工厂"这种校企合作、产教融合的办学理念，可以将行业标准及时、即时地融入学校的专业教育领域中，这是职业教育人才培养的基本思路。

（二）作为一种教学模式

作为一种教学模式的"教学工厂"，其实是南洋理工学院为了实现职业教育的快速发展，在自己的教育教学活动过程中逐步探索出来的特色教学模式。教学模式是综合教师的"教"与学生的"学"多个方面内容的系统化的教学程序，它包括了教学活动的各个方面。虽然现在新加坡"教学工厂"的功能已经被扩大化，但是作为一种教学模式，它最主要的工作依然是人才培养与培训。在"教学工厂"教学模式中，学生不仅需要参加校内一些工厂或者实践项目的工作，而且要到企业参加实训实习，这种教学理念并没有在学生训练空间的选择上以校内的"工厂"完全替代校外的企业。它要求学生与教师认识到职业教育与普通教育的区别，自己学习与教学的场所不能仅仅停留在理论教室里，要跳出书本，关注真实的企业生产活动。通过这种教学模式，教师要时刻认识到将自己的教育教学内容、标准与社会真实生产相结合，提高自己的教学效果。

（三）作为一种学习方法

作为一种学习方法的"教学工厂"，为学生的职业教育学习活动提供了全新的学习方法。传统职业教育的学习方法就是在教室中进行理论学习，无论是阅读固定的教材、工作手册还是观摩或者讨论，学生只能在教室里去感知感受职业教育。当然，还有一种理实一体化的教室，学生在学习理论知识后，可以在此类教室迅速开展职业技能的练习，实现知识学习的即时应用。其他的学习方法还有让学生进入企业生产实践的真实场所进行生产体验，或者通过虚拟仿真的设备、技术实现模拟学习。但是以上的学习方法都没有将学校与企业的联系建立在学生的学习基础之上，而是以技能的需求为依据开展的教学方法探索。"教学工厂"则不同，它为学生学习提供了全新的学习环境，是依据校企合作的理念打造的一个学生能够实现自己技能学习的场所。这个场所可以是不断变化的，例如可以是某一间教室，也可以是某个车间，还可以是校办的工厂。总之，在这个场所中，学生的学习方法不是单纯的知识识记或者技能训练，而是知识学习与技能训练的综合，是学生提高自我职业能力的重要方法。

第二节 "教学工厂"的运行主体

一、政府作为支撑主体

现代社会中任何一个组织的运行都离不开政府的支持，"教学工厂"作为社会发展过程中出现的一种机构，其早期发展受到了国家政策的支持与限制。即便现在的"教学工厂"已经模糊了它的空间特点，甚至有时只是作为一种概念存在于职业教育活动中，但其依然要接受政府的管理。"教学工厂"是南洋理工学院为了提高职业教育教学效率而创建的，作为公办的职业教育机构必然会受到新加坡政府执政理念的影响。可以说，如果没有新加坡政府对职业教育进行改革与规划的要求，南洋理工学院的"教学工厂"不可能顺利运行。

新加坡政府为"教学工厂"提供了政策上的保障，政府对全国职业教育提出新的要求，为职业教育改革清除了障碍。在"教学工厂"发展过程中，新加坡政府为学校与企业的合作提供了方向性的指导，协调了南洋理工学院与企业合作过程中的问题，消除了阻碍因素。所以说，政府在"教学工厂"的运行过程中起到了支撑作用。"教学工厂"模式在南洋理工学院获得成功之后，新加坡政府开始将这种创新向其他院校进行推荐，后来还将这种模式扩大到了普通高等教育的校企合作领域。政府作为"教学工厂"的"代言人"，为其创建与发展提供了巨大的支撑，是"教学工厂"运行过程中不可或缺的支撑主体。

二、学校作为执行主体

南洋理工学院开拓性地打造了"教学工厂"的名片，是这种职业教育创新实践的提出者，也是执行主体。"教学工厂"是一种开展学生职业教育活动的教学模式，属于职业教育领域的一种活动。在这个过程中，政府、企业、教师和学生等不同的利益相关者参与其中，学校必须在这个教学环境中协调多方的利益，不仅要根据企业的标准对"教学工厂"进行改造升级，还要根据教师与学生的能力对设施设备进行适应教学条件的调整，更要按照政府的要求高质量地完成职业教育教学活动。

作为执行主体，学校要树立为职业教育服务的理念，肩负起为社会培养高质量职业教育人才的责任，才可以高质量地完成各个环节的教学任务。另外，时代的快速发展使得产业与市场中的设备需要不断地更新淘汰，而"教学工厂"中的仪器设备也应该顺应社会发展不断地进行更新换代，这些工作也应该是由学校完成的，学校作为责任主体，必须按照最新的行业标准为学生提供符合时代要求的技术技能培训。

三、企业作为培训主体

职业教育的技术技能培训活动离不开企业的参与，"教学工厂"的发展必须要有企业资源的支持。企业可以为"教学工厂"引入行业最新的专业技能标准，为人才的培养指出新的方向。同时，企业掌握了产业发展的新技术与新趋势，可以按照最新的技术标准进行产品的生产活动，这就可以为职业教育的人才培养提供生产标准。专业技能标准与生产标准是人才培养环节的必要条件，学校并不能提供相关的企业标准，只能借助企业的参与来实现人才培养过程中企业标准的实现。

企业的参与还可以为"教学工厂"带来全新的师资队伍与仪器设备。学校中的师资通常只能为学生提供教育领域基本的知识与技能，而企业的行业导师则不同，他们不会按照学科的逻辑开展教学，而是会按照工作过程对工作岗位进行分析进而开展培训活动，这就为学生提供了最为直接的技术技能培训。另外，虽然"教学工厂"不会要求企业将最新的设备转移到校内，但是企业可以为学校提供产业发展中的设备更新动态，让学校及时掌握行业设备的情况。职业教育作为一种培养产业技能人才的教育活动类型，离开了企业的参与是不完整的，更是没有发展方向的。因此，企业作为"教学工厂"的培训主体一直受到学校的重视。

四、教师与学生作为人员主体

任何工作场所或者学习场所都离不开人，人是组织活动中最为基本的要素。"教学工厂"从本质上讲是一个开展职业教育与培训活动的平台，目的是为参与职业教育活动的教师、学生提供适合的场所。当然，这里所指的教师不仅包括来自学校的专业课程教师和实训教师，还包括南洋理工学院聘请的来自企业的行业导师。而学生则是受训者，学生的受训质量能够直接反映"教学工厂"的培训质量水平。

除了教师与学生外，还有相关的服务人员、管理人员等，这些都是为"教学工厂"的正常运行提供保障的人员。他们不仅为机构的组织、运行与协调提供保障，还为教师和学生能够顺利完成培训工作任务提供保障，是"教学工厂"必不可少的工作人员。当然，"教学工厂"的主体人员依然是教师与学生，只有二者的参与才能实现"教学工厂"的价值。二者参与其中的活动作为一种载体，体现了"教学工厂"在职业教育与培训工作中的功能与意义。

第三节 "教学工厂"的运行机制

一、课程教学实行理论知识教学与实践培训的双轨制

（一）双轨制设计

南洋理工学院作为高等职业教育机构，其各专业的学制基本上都为3年，因此，"教学工厂"按照学年分三个阶段进行了课程教学设计。在课程教学设计过程中，坚持双轨制的原则，即"教学工厂"作为一种教学

模式，既要开展理论课程教学，又要强化学生的技能实践培训。

虽然"教学工厂"最初是针对实践培训而创建的一个培训场所，但它目前已经被认为是南洋理工学院的一种教学模式。所以，"教学工厂"作为职业教育的教学模式，既要关注理论知识的教学，还要重视实践培训工作。知识学习与技能训练是相辅相成的，知识是逻辑化的经验，可以为个人的发展提供强有力的基础；技能则是知识在人类生活实践中的体现，反映了人类知识使用的水平，是高度个人化的一种综合知识。知识与技能在本质上都是人类社会经验的总结，是每个人生活、生产、学习中必不可少的。南洋理工学院从知识本体论出发，将职业教育的知识与技能作为课程教学的两个基本元素，在"教学工厂"中对应实施理论知识教学与实践技能培训。

（二）三年课程规划

在南洋理工学院，第一年会开设学校通识性的公共课程和实践课程，第二年更多的是专业理论课程与相关专业实践课程，第三年则是专业理论课程、与企业合作的真实实践项目和实习项目等。可以看出，每个学年都会有理论与实践相关课程的学习与训练，保证学生在校期间的任何学习阶段都能体验到双轨制教育的优势。这种双轨制课程的安排实际上是借鉴了德国"双元制"课程的模式，将学校教学标准与企业的实践标准进行不断融合，使学生在日常的学习过程中就能真切体会到理论与实践联系的重要性。

二、"教学工厂"中的教师实行轮岗制

教师是院校发展的第一资源，"教学工厂"作为一个教育机构，同样需要优秀的教师。南洋理工学院历来重视教师的实践应用能力，认为只有具备了企业工作实践经验与能力的教师才能够培养出可以胜任未来职业岗位要求的合格员工。所以，学校要求在"教学工厂"承担教育教学工作的教师要具备必要的企业工作经验，能够真正作为一名员工完成企业的生产工作任务。

为了推进教师的专业发展，学校要求"教学工厂"平台上的教师实行轮岗制度，即每位教师必须定期到企业参加企业的培训或者承担生产工作任务，这种制度保证了教师能够及时地参与企业的生产活动，掌握企业最新的生产标准与发展方向。另外，学校还要求教师参加与专业相关的生产项目，通过完成项目真实地体验企业的工作内容，并在项目开发的过程中引入学生的培训工作，使学生的培训与教师参与的项目结合在一起，在真实项目中开展教学工作。

　　为了更好地完成轮岗培训制度，在师资的招聘过程中，南洋理工学院要求应聘者必须具备企业工作经验。这样做的目的一是可以保证教师的技术技能水平，二是可以与企业建立良好的合作关系，为教师今后的轮岗任务提供条件。

　　具体来说，有些专业的教师招聘明确要求应聘者必须具有 3 年以上的一线企业工作经验，且有参加相关培训工作的经历。此外，还要求新任教师入职后参加 3 个月的教学培训工作，因为部分教师虽然在企业的专业技术领域具备了很高的水平，可以在企业中对员工学徒进行培训，但是对于如何开展教育教学工作、如何培训一名学生还缺乏经验，此类培训可以帮助他们更加清楚地认识到学生与学徒的差别，以及开展教育教学工作的要素与条件。

　　通过这种轮岗制度，"教学工厂"的师资可以按照市场的要求对学生进行培训，进而提高人才的适应性。

三、建立多样化的学生职业准备制度

　　学生在"教学工厂"学习与培训的目的是为职业做准备，南洋理工学院就以此为基本依据为学生建立了职业准备制度。

　　首先，"教学工厂"的课程设置中有广泛的社会职业介绍，学生通过这些课程可以对职业建立初步的认识，为未来的学习与训练奠定良好的基础。

　　其次，在课程教学环节，教师会有意识地按照社会职业岗位开展课程教学，例如按照岗位的要求设计项目教学内容，让学生在实施项目的过程中获得对职业岗位的深入认知。

再次，就是在行业导师的选择方面，从事典型工作岗位的企业员工会被优先安排进入"教学工厂"进行项目合作与教学。因为这些员工可以将典型的企业工作岗位文化引入"教学工厂"，为学生了解岗位提供更加真实的体验。

最后，南洋理工学院围绕外部制度为学生的职业准备工作做了诸多的规划，这些规划主要是通过校企合作的方式实现的。

职业准备工作需要有外部企业的参与，因为学生的未来职业是以企业为依托的，而学校只是向学生提供了学习的资源、师资与场所，是为学生未来的个人发展提供动力的机构，并不能给学生一个确定的职业岗位。所以，职业准备制度的建设必须要与企业进行合作。"教学工厂"建立了与企业联动的实习制度，让学生在学校参加培训工作后还可以有机会进入更真实的职场感受企业文化。此外，学生还要参加模拟企业项目和真实企业项目，这两种项目都是为帮助学生感受企业文化、锻炼岗位能力而设立的，都具有推动学生提前关注职业、提早体会岗位的功能。

第四节　"教学工厂"的特点分析

一、实施全面的"无界化"治理方式

南洋理工学院在学校的治理过程中提出了"无界化"的概念，这种"无界"指的是在各种管理活动中实现合作消除阻碍，实现协作无忧；"无界"就是要为学校的教育教学活动提供更加便利的合作途径，提高工作效率，而对于"教学工厂"的治理同样要求实现"无界化"。

（一）交流"无界化"

"教学工厂"首先实现了教学语言的统一。南洋理工学院将英语作为基本的教学语言，无论学生来自哪个种族、使用何种语言或者方言，都必须使用英语进行课程与培训的学习。当然，教师也同样必须使用英语与学生进行沟通。英语是目前主要的学术语言，也是新加坡的官方语言之一。新加坡历史上因为语言沟通的不准确而出现的各种社会问题甚至是冲突屡见不鲜，因此学校将教学语言的统一作为第一位的要求，这是实现所有部门有效沟通的最基本条件。

（二）主体"无界化"

"教学工厂"实现了各个主体之间的"无界"。"教学工厂"在运行过程中会接触到各种主体，有企业、学校、学院、教学专业、学生、教师和学校行政部门等。这些主体都拥有各自的资源，互相之间常缺乏足够的沟通，也没有可以开展合作的平台，很多时候很难将这些资源整合，而"教学工厂"则要求这些主体在参与"教学工厂"的相关活动时必须打破壁垒，努力营造良好的环境来满足不同运行主体的需求，实现资源优化配置。特别是在技能培训过程中，"教学工厂"要求打破专业、学科的界限，为学生提供融合性的培训工作。

教师也要建立没有专业界限的师资团队，利用各自的优势为课程教学与技能培训提供最为优质的团队资源。企业与学校更是需要打破传统的认知界限，企业不能认为学校只是一个人才培养的机构，只能提供各种课程，学校也不能把企业看作是一个只会追逐利益的团体组织，双方要结合起来，从产教融合的角度共同推动职业教育培训工作的发展。

（三）教学管理的"无界化"

"教学工厂"还实现了教学管理工作的"无界"。实行普通教育的机构一般都是按照学科知识体系来开设课程的，学生们会按照严格的知识逻辑进行循序渐进的学习。而"教学工厂"则打破了学科与专业的界限，学生的技能训练都是在技能需求的基础上，围绕学生的核心素养而开展的技能培训工作。课程的教学强调项目化的教学方法，坚持以问题为导向，打破了传统的学科知识导向的课程体系，跨越了专业界限，实现了学校课程与企业项目的结合。另外，教师为了完成教学，他们在课程开发与设计的过程中就会考虑职业教育活动的特点，有意识的为"教学工厂"的课程教学工作综合多种内容。

（四）教师的"无界化"

"教学工厂"实现了人力资源管理的"无界"。教师是学校发展的第一资源，高质量的师资队伍是学校持续发展的重要保障。南洋理工学院在为"教学工厂"选聘师资和进行教师培训的过程中就实现了无差别、平等的管理。在选聘教师过程中没有把学历作为唯一的标准，而是以教师的能力为标准，看教师能否胜任"教学工厂"的工作。对在职教师进行培训的过程中，无论教师来自哪个部门、有多少企业工作经历，学校都会根据教师的个人资历为其打造具有个人特色的培训工作。

二、坚持以学生为中心的教学理念

（一）以学生为中心的教师

普通教育中"以学生为中心"的教学理念已经获得了世界范围内广泛的认可，职业教育也不例外。人们以往只是关注了教师的"教"，强调教师是教育教学场所的中心，但是现在不仅重视"教"，还强调"学"，教师的"教"是为学生的"学"服务的，教师也是为学生服务的。在学校的教学过程中，每个学生的学习进度与学习效果是不尽一致的，如果教师只是按照自己的教学进度安排教学，势必会影响一部分学生的学习效果。

"教学工厂"在教学中非常重视学生的学习效果，强调教学与培训工作要坚持"以学生为中心"。在教学目标的设定上，南洋理工学院强调坚持以岗位需求为人才培养的出发点，只有关注了岗位需求，才能为学生提供未来就业急需的知识与技能。如果课程目标是按照教材设计，或者是依据教师的个人意志确定的，那么就会影响教学内容，就会限制学生获得真正的技术与技能的机会。

（二）以学生为中心的教学条件

学校对"教学工厂"的实训环境实施了大规模的整改，按照企业标准配备了适合学生开展实训工作的专业设施设备，既满足了企业标准，又符合学生水平。"教学工厂"的环境创设不仅完全按照企业的环境开展，还在创建过程中强化了学生对这种环境的适应能力，并不是一味地将企业条件与文化照搬照抄过来，而是还关注了学生对这种环境文化的接受程度，避免由于"教学工厂"的环境文化与校园内部文化的巨大差异引起学生的反感。因此，"教学工厂"在引入企业的设备后又对环境进行了改造，增加了一些温馨的元素，避免突兀的企业文化影响学生的学习兴趣。

（三）以学生为中心的评价方法

对学生评价方面，"教学工厂"坚持学生的主体地位，教师评价一般不采用纸质试卷的形式，而是采用日常教学过程中对学生的过程性评价，同时还增加了学生自我评价和小组互评等多元化的评价方式，充分体现了对于学生发展的全面性的关注。

三、重视教师的实践能力

由于"教学工厂"承担了大量的实训项目课程教学，加之职业教育教学活动的特点，因此职业教育教师的实践能力一直受到重视。虽然学历是南洋理工学院在招聘教师时非常重视的一个参考因素，但绝不是最重要的要素，学校在整个教师招聘过程中都非常重视考查教师的实践经历。

（一）聘任环节要求教师实践经验

在招聘环节，南洋理工学院"教学工厂"的负责人具有非常大的自主权，学校只是对招聘工作提出了一些基本的要求，具体招聘对象的选择都是由"教学工厂"的负责人确定的。这是因为只有该部门最了解自己所需教师的能力要求，只有该部门才会从专业的角度对应聘人员进行专业评价。最重要的是，他们在招聘过程中将应聘者的企业工作经历作为重要的评价标准。

（二）专业发展阶段强调教师实践能力

在教师的专业发展过程中，南洋理工学院还为"教学工厂"的教师搭建了一个立体式的发展框架，帮助教师不断发展自己的专业能力。例如前面提到的新任教师要先接受为期 3 个月的教学培训，在任教师每年都必须进入企业进行实践锻炼，在任教师要参加与企业合作的项目开发工作，这些都是为了提升教师专业实践技能而设立的，通过以上培训工作可以让教师时刻紧跟产业发展的前沿动态。

（三）评价环节要求教师实践水平

在教师的评价过程中，南洋理工学院也非常重视教师的实践能力与水平。"教学工厂"的教师来源相对较为复杂，如何对教师进行评价就显得非常重要。南洋理工学院的做法就是分类指导、分类评价。"教学工厂"的教师来自不同的二级学院，他们的专业领域不同，开展的教育教学与培训活动所属行业也不一样，所以学校就将教师进行分类，然后按照不同的类别进行评价，主要是对教师的工作态度、实践能力、实践情况和教学情况等进行评价，重点评价教师的实践能力能否为学生的发展提供助力。

四、紧跟产业发展，重视产教融合

产业既是职业教育发展的基础又是方向，"教学工厂"作为新加坡职业教育的特色项目，一直紧跟产业发展，不断更新自己的设备设施来满足企业的最新要求。"教学工厂"不断分析市场的变化，通过多方面的调研来准确掌握企业对于人才的需求情况。对于一些已经不能满足岗位需要的课程和技能培训项目会及时终止，对于市场中新出现的职业岗位和专业人才技能则会及时充分论证，对于产业发展过程中出现的新兴技能始终保持着热情。

"教学工厂"引入企业的项目，有利于精准把握产业发展的方向，这是产教融合的重要方法。企业人员参与学校的人才培养过程，可以为人才培养的标准与方向提供企业智慧，帮助学校及时调整人才培养方向。同时，坚持企业参与学校办学过程也是由职业教育的本质所决定的。应用型人才的培养离不开企业，关起门来的人才培养工作是无法满足社会需求的，职业教育要求的是开放办学，这其中就包括了向企业开放，只有开放的办学才能够打开学生的视野，让学生提前了解职业、感知职业。

时代的变化、产业的发展不仅影响了人们的日常生活，更重要的是对劳动者提出新要求的同时也提供了新的机会。通过南洋理工学院的专业和课程的设置可以看出，学校一直在根据产业发展不断调整自己的专业目录，究其原因就是为了给新加坡的社会贡献更多的合格人才，不断地提升职业教育的适应性。在这个过程中，"教学工厂"也在不断完善自我，采用新的设备、利用新的技术培养新的职业教育专业人才。

第七章
新加坡职业教育国际化

　　经济全球化推动了教育全球化发展。职业教育的发展离不开产业基础，这是由职业教育的本质属性决定的。经济全球化的快速发展使得全球产业不断调整更新，产业的变化要求职业教育适时做出改革，以适应全球化对技能人才培养质量的新要求。新加坡的职业教育一直强调要适应新加坡产业发展的需要，始终坚持为新加坡社会发展贡献合格的应用型人才，因此在面对不同阶段的全球化挑战时，新加坡职业教育也在不断及时调整自己的职业教育政策与办学策略，为新加坡劳动力市场培养了大批符合要求的劳动者。同时，作为职业教育高度发达的国家，新加坡还为世界职业教育提供了诸多的经验，并为地区与全球培养了优秀的技术技能型人才。可以说，职业教育的国际化是当今职业教育发展的一个趋势，新加坡的职业教育发展已经在国际化发展的道路上走出了自己的特色。

第一节　新加坡职业教育国际化的背景

新加坡职业教育的国际化发展有着自己独特的背景，这与新加坡自身的历史、地理、文化、经济和教育都有着千丝万缕的联系，是由职业教育所受到的来自社会各方面因素的影响造成的。

一、经济背景：高速的经济发展与全球化战略

自新加坡独立后，新加坡经济在政府强有力的政策支持下开始快速起步，并保持了几十年的高速发展，缔造了亚洲经济发展的神话，这也使得新加坡从原来的"一无所有"很快步入发达国家行列。

新加坡历史上就是以国际贸易发展起来的，殖民经济遗产为新加坡经济发展提供了重要帮助，尤其是在独立初期，英国的军事基地开始撤离后，新加坡通过各种政策吸引了世界各地跨国企业的资本与技术。跨国企业不仅为新加坡带来了资本与技术，还带来新的理念与视野。在为跨国企业提供充足劳动力之后，新加坡的本土企业也开始纷纷效仿跨国企业的经营管理模式而迅速发展起来，为本国的经济发展贡献着自己的力量。

经济全球化使新加坡开始考虑自己的全球化战略。因为教育的国际化发展是与经济全球化相伴而行的，经济全球化为教育国际化提供了发展的基础，奠定了社会交往的条件，而教育的国际化发展能为全球化提供更加了解世界形势、具有跨文化交际能力的人才，为经济全球化提供智力支撑。

职业教育作为与社会经济联系最为直接的一种教育类型，在全球化大潮下受到了新加坡政府的重视。新加坡政府关注职业教育对全球化社会的影响，提出职业教育要为社会培养具有全球就业能力的人才。新加坡政府鼓励职业院校与跨国企业建立紧密的合作关系来培养技术技能人才，满足全球劳动力市场的需求。新加坡政府还专门出资建设了一批技术技能培训中心，协调企业与院校共同开展人才建设项目，例如与日本、德国等国家的企业围绕信息技术的开发应用建立了科研与培训机构，通过这种形式的国际合作推动新加坡职业教育的国际化发展。

二、政治背景：独特的地缘结构特征

新加坡位于马来半岛的最南端，是扼守马六甲海峡的重要港口型国家，是世界上重要的航运中心。同时，它还与英国、中国、马来西亚和其他东盟国家有着各种地理与历史上的联系，由于人口与地理规模的限制，新加坡综合国力受到了极大影响，因此它依靠与这些国家的密切联系，形成了独具新加坡特色的地缘政治环境。这种与外界密切的合作关系为新加坡国际化发展创造了良好的国际环境。

（一）作为英联邦成员继承了英国的殖民遗产

新加坡在独立建国的当年就立即加入了英联邦，与英国在政治、经济、文化和教育领域都有着广泛的合作。从历史上看，英国对新加坡进行了长达一个多世纪的殖民统治，殖民地政府在长时间的统治期间效仿英国本土的教育体制为新加坡建立了教育制度体系。

在殖民地时期，英国人和英国教会在新加坡创办了很多学校，为新加坡带来了英国的教学内容与管理理念，直到新加坡独立建国后的初期，很多职业院校的校长都还是英国人。

独立建国之后的前几年，英国在新加坡的海军基地对新加坡的经济发展起到了巨大的作用，在一定程度上维护了新加坡社会的稳定。同时，英国的教育理念与传统对新加坡独立建国后的教育产生了重要的影响，例如新加坡在小学阶段开始的分流制度被视作是受英国传统分流教育的影响而建立的，而这种分流制度的考评标准也是沿用了英国普通教育证书（General Certificate of Education，GCE）体系中普通教育与职业教育分类教育课程的方法而设计的。

英国的资格考试制度为现代新加坡的资格证书制度提供了范本。新加坡的小学毕业离校考试所获得的资格证书、职业教育领域的资格证书制度和大学的预科制度等都是效仿英国的教育制度建立的，尤其是中学生参加的新加坡剑桥普通教育考试制度更是直接使用了英国剑桥大学的制度。现在新加坡的多所理工学院网站链接了许多英国的高校网站，这就说明新加坡与英国在高等教育层面有着紧密的联系。作为英联邦的成员，新加坡不仅在政治上受到了英国的极大影响，而且在教育领域也主要是基于英国的教育制度进行了本土化的改造。

（二）华人主体的社会保持了中华传统文化

华人是新加坡最大的群体，占新加坡总人口的近四分之三。在新加坡殖民地时期，英国海军基地衍生出的服务产业和当地经济的发展，吸引了许多中国广东、福建和海南等地的人来此谋生。来到新加坡的华人受到一些马来文化习俗的影响，聚集而居，规模逐步壮大。直到现在，新加坡的华人种族与其他种族通婚的也较少，他们在饮食与生活习惯上都继承了祖辈的习惯，而且新加坡现代华人的家庭内部一般都还是在使用方言进行交流，因此新加坡的华人保持着较好的中华传统文化。

与中国在历史上的这种联系和以华人为主体社会的原因，使得新加坡与中国保持了良好的政治、经贸、人文与教育的关系。经过这些年的发展，中国已经成为新加坡第一大货物贸易伙伴、第一大出口市场、第一大进口来源地和第三大服务贸易国，①这些都体现了中国与新加坡在经济领域的密切关系。而在社会文化领域，春节、清明节、端午节和中元节等中国传统节日都受到了华人的普遍重视，饮食文化也是以粤菜和福建菜为主。

在语言方面，新加坡还在 1979 年开展了推广华语活动，以普通话来代替原来新加坡社会中的各种华语方言。在语言教学方面，新加坡还采用了汉语拼音和简体字。可以看出，新加坡作为一个华人主体的社会，在英国统治历史的影响下既学习了英国，还保持了自己的特色，且始终与中国保持着良好的关系。

（三）作为近邻与马来西亚建立了稳定的社会关系

由于地理因素的影响，新加坡与马来西亚的联系非常紧密，但同时矛

---

① 刘旭. 中新经贸合作开启"春之约"［N］. 国际商报，2023-03-29（4）.

盾也十分突出。两国的关系存在过各种问题，但又无法完全割裂。新加坡在历史上曾属于马来西亚联邦的一部分，然而由于当时的马来西亚政府奉行的是马来人优先的政策，与新加坡政府坚持种族平等的理念不可调和，这就使得二者产生了许多矛盾，新加坡也因此脱离马来西亚，成立了新加坡共和国。但在经历了各种矛盾冲突之后，两国的关系也逐渐走上了正常化。

由于自然资源的匮乏，新加坡大量的水资源和矿产资源都需要从马来西亚进口，而且很多劳动力也来自马来西亚。另一方面，新加坡为马来西亚提供了很多就业岗位，还直接在马来西亚进行了大量的投资活动，输出了优秀的教育资源。目前，二者关系稳定，经济社会交往频繁，为地区稳定与发展贡献了各自的力量。

三、社会背景：多元文化的移民国家

（一）种族多样性

文化多样性是新加坡社会的重要特点。开放包容的文化政策是新加坡独立建国后一直遵循的基本原则，在新加坡的华人、马来人、印度人和欧洲裔等各个种族都和平共处，是这种多元文化的缔造者。正是多种族的社会文化环境造就了新加坡主动开放、乐于开放的思想观念。

种族是文化的重要载体，文化需要借助种族来展现，二者是相互依存的关系。不同种族的文化差异反映在教育领域的一个方面就是对子女的教育观念上。例如在新加坡独立建国之初，以华人为主体的社会普遍认为，送子女接受职业教育是不得已而为之的教育策略。通过当时的职业教育入学政策就可以看出，只有那些成绩不理想的学生才不得不进入职业院校接受职业教育，而成绩较为突出者则是进入普通中学继续接受普通教育。但是，欧洲裔的一些居民则对子女接受何种类型的教育并不是特别在意，当时很多欧洲裔居民的子女在小学分流阶段都是按照学生自己的兴趣进行选择的。由此可以看出，不同的种族在教育观念上是存在差异的。

（二）具有一定的英语文化基础

新加坡政府为了吸引更多的学生选择职业教育，通过许多政策不断提高职业教育的社会声誉，例如在中等职业教育阶段将学校名称中原本的"职业"二字用"工艺"进行替换，避免社会对此类院校产生歧视。政府在保护各个种族文化的同时，还努力实现种族的平等交流，提出国家在学校的教育活动中既要保护学生母语，还要推动英语作为共同语言的学习，其主要的目的是在追求发展的同时，防止偏废个人的民族语言。这样有利于保持民族传统文化，促进种族间的和谐发展，培养对国家的认同感。[①]

这种在学校教育中实行双语教学的政策为新加坡国际化奠定了基础，新加坡现在的工艺教育学院和5所理工学院始终将英语作为学生参加学校课程学习的基础条件并向广大学生提出了明确的要求。而且在职业教育领域，学校对学生英语学习的要求也不仅仅是停留在将英语作为学术语言的交流与使用，它还强调对于英语文化和习惯的学习。现代社会中，英语在很多国家和地区被广泛使用，而新加坡在职业教育领域广泛纳入英语文化内容的学习的做法，提升了学生理解英语文化背景的水平，为新加坡人参与国际化发展奠定了良好的语言文化基础。

（三）开放包容的文化环境

新加坡作为移民国家，需要强化各个种族对国家的认同感。从国家的文化政策视角来看，新加坡社会有着强烈的开放包容观念，更容易接受国际化带来的机遇与挑战。

新加坡在历史上经历了各种不同文化的影响，例如殖民地时期之前马来文化的直接影响、殖民地时期英国文化的统治、日本占领期间短暂的日本文化冲击等都对华人主体的儒家社会文化产生了影响，为新加坡开放包容的观念打下了基础。在国家内，新加坡国民还有着多种宗教信仰，包括

---

① 胡英芹. 新加坡高等职业技术教育国际化进程与发展模式研究 [M]. 成都：西南交通大学出版社，2021：53.

佛教、伊斯兰教、基督教和印度教等，加之新加坡国内多个种族文化价值观的相互碰撞，可以说，新加坡社会在儒家文化作为主体文化的根基上形成了开放包容的文化环境。

新加坡政府历来奉行的是种族平等的政策，认为任何一个种族，无论其规模的大小都应享受平等的待遇，不允许有特权的出现。在种族平等的政策之下，新加坡社会消除了马来人享有的特权，实现了马来人与其他种族的平等，这也使得各个种族逐步互相接纳。在新加坡，每个种族在保持自己种族文化特性的同时，还找到了共同的价值观，实现了对国家的认同。可以说，开放包容的文化环境为世界各地人民到新加坡从事商业贸易、接受职业教育提供了便利，人们可以自由地表达自己的文化、享受新加坡社会带来的开放环境。

第二节　新加坡职业教育国际化的发展阶段

新加坡职业教育的国际化不是一蹴而就的，更不是在面临全球化挑战之时不得已而提出的，它是与新加坡的国家发展紧密联系的，是伴随着新加坡职业教育的发展而发展。新加坡有过被外国殖民统治的历史，也有内部社会互相冲突矛盾的问题，这些因素都使得新加坡职业教育的国际化呈现了阶段性特征。

一、新加坡职业教育国际化的萌芽期（1959 年前）

新加坡职业教育国际化萌芽期的主要特点就是职业教育直接照搬外部制度，在官方领域主要是移植英国制度，在民间则是移植创办机构母国的制度，该阶段主要是在新加坡获得自治权的英国殖民统治时期。英国殖民统治期间，新加坡本地的职业教育发展极为缓慢，直到 1902 年，第一所面向医生培养的学校——新加坡医科学校（Singapore Medical School）才建立起来，后来这所学校历经几次更名、迁址与合并，成了现在的马来亚大学。在当时，这所学校虽然招收本地学生，但是授课语言是英语，具有浓厚的殖民主义色彩。

后来，新加坡政府创办的职业教育院校等机构，也都是按照英国的制度管理运行的。1956年在丹戎加东地区与女皇镇等地成立的技术中学虽然面向新加坡本地招生，也依然都是在殖民地政府的管理下建设的英式职业教育机构。直至1959年新加坡理工学院成立，即便是由英国人继续作为校长来领导学校发展，但这时的新加坡政府已经开始考虑本地居民的需求，官办职业教育机构也打破了原来照搬照抄英国职业教育制度的模式，开始提供一些可以满足本地居民技能需求的职业教育活动。

在殖民地政府举办职业教育活动的同时，一些民间团体和教会也为新加坡职业教育贡献了重要的力量。教会主要是来自欧洲的基督教，他们开办的学校在宣扬自己宗教文化的过程中还提供了一些职业教育活动，以帮助其学生找到一份可以维持生计的工作。除了欧洲的教会，还有一些来自马来亚、印度尼西亚和印度等地的伊斯兰教团体、印度教团体创办的宗教学校，他们与基督教创办的院校一样，首先强调的是宗教文化教育，其次才是学生的生计教育。除此之外，还有华人团体创办的华语学校，这些学校主要是教导本团体的子弟识字和学习基本的科学知识，同时还会提供一些与华人团体有关的商贸知识。这种办学模式在新加坡一直持续到1959年实现自治为止。

可以看出，在殖民统治期间，新加坡职业教育呈现了国际化的萌芽，出现了多种形态的职业教育办学方式，这些办学方式不同于其他国家，是国家内部不同团体开展的办学。由于当时新加坡周围的一些地区，如斯里兰卡、印度、马来亚和沙巴等都还没有获得完全独立，很多都还属于欧洲大国的殖民地，他们与新加坡在地理上相近，有着共同的宗主国，互相往来也较多，所以可以自由出入新加坡开办学校。由此，在这个国际化的商贸地区，就出现了欧洲人、华人、马来人和印度人开办的各类学校，也就为新加坡职业教育国际化奠定了雏形。这种雏形的出现，使得新加坡职业教育呈现出依照英式职业教育传统而兴建的官办职业教育院校为主体，同时以华人、马来人和印度人三大族群民族特色而创办的民间职业教育院校为辅的国际化多元格局。

二、新加坡职业教育国际化的自我初创期（1959—1973年）

新加坡职业教育国际化的自我初创期的主要特点是模仿外部制度，模仿的对象是新加坡原有职业教育机构的母国和发达国家的职业教育制度。这个时期主要是从新加坡1959年获得自治地位后，到1973年新加坡工业训练局成立前。新加坡获得自治地位后，自治政府开始掌握教育权，这是新加坡教育史上具有里程碑意义的时刻，它标志着新加坡的教育已经开始自主治理。即便是曾作为马来西亚联邦的一个州，新加坡的教育权也始终都掌握在自己的手中。

正是在这个时期，新加坡政府开始逐步摆脱传统殖民地职业教育机构和民间团体职业教育机构的影响，试图建立符合全体人民需要的职业教育体系。在独立初期，由于国家经济与社会矛盾的问题，新加坡政府实际上对职业教育的关注是不足的。后来随着社会经济逐渐恢复平稳，新加坡政府在职业教育领域的投入也随着经济的快速发展不断提高。新加坡独立后，开始调整经济政策，国家的产业开始由以农业经济与初级商业服务为主的体力劳动产业向以初级装备搭配为代表的劳动密集型进口替代工业发展，这也被称为新加坡历史上的"第一次工业革命"[1]。随着这一次的产业转型，新加坡原来大量的只是能够从事体力劳动的劳动者已经不能满足产业发展的需要，政府在1961年专门成立了调查委员会开展职业教育领域的调研，并提出应将职业教育纳入正规的学校教育体系。

在此时期，新加坡理工学院开始采纳《曾树吉报告书》中提出的建议。1963年，政府又将一所初级学院升格为新加坡职业学院（Singapore Vocational Institute，SVI），而且将原来新加坡理工学院的两年制技能培训课程转入该校，并学习了英国剑桥大学举办的新加坡剑桥普通教育资格考试。同年，义安理工学院的前身义安学院成立，并提前征求了美国教育领域的专家关于如何举办高等教育的建议。新加坡政府为了承担更多的职业教育责任，在1967年将义安学院划归国有，使其作为国家的职业教育机构为社会培养人才。1968年义安学院更名为义安技术学院（Ngee Ann

---

① 魏达志. 东盟十国经济发展史 [M]. 深圳：海天出版社，2010：304.

Technology College，NATC），1971年又以英语取代华语作为授课语言，并在同年招收了学校的首位非华人学生。可以看出，新加坡此时的理工学院也开始摒弃了原先保持的母国教育分割策略，逐步模仿西方的职业教育制度。

在这个阶段，新加坡的职业教育虽然开始受到政府的重视，但是政府的职业教育办学经验不足，职业教育的发展依然还在借助外部的力量开展工作，政府也没有建立具备新加坡自己特色的职业教育体系，只是有意识地模仿一些发达国家和地区的职业教育办学模式来发展本国的职业教育。不可否认的是，新加坡此时的职业教育开始出现了自我独立的意识，因为新加坡政府开始使用强有力的国家权力来保证职业教育的发展质量。可以看出，这一时期的新加坡职业教育在模仿外部职业教育制度的同时开始思考自己职业教育发展的议题，开始了自我的初创。

三、新加坡职业教育国际化的探索期（1973—1990年）

新加坡职业教育国际化探索期的主要特征是职业教育主动走出去，适应国际产业发展。这个时期的跨度，主要集中在1973年新加坡工业训练局成立到1990年新加坡新一代的理工学院（即淡马锡理工学院）成立之前，这个时期也正是新加坡历史上的"第二次工业革命"。

工业训练局成立后，开始负责新加坡全国的职业教育培训工作，并专门成立了由政府、行业工会和企业三方共同负责的董事机构，这表明新加坡职业教育的责任主体已经由单一的政府主体扩展到了包含行业、企业在内的多个主体，职业教育不再单纯按照教育的逻辑开展教育与培训，行业、企业的加入为职业教育注入了新的活力。此时，新加坡的工业迎来了第二次革命，由之前的劳动密集型出口替代工业转向以尖端制造为代表的高精尖工业。大量的跨国企业进驻新加坡，为新加坡带来大量的工作岗位，同时也要求新加坡为其提供品行可靠、技能合格的高技能人才。显然，新加坡此前的职业教育培养体系不能满足这种人才需求，这就出现了由工业训练局和教育部门共同领导下的职业院校改革。当时，承担着全国高技能人才培养的两所理工学院，即新加坡理工学院和义安理工学院根据新加坡劳动力市场的需求创建了许多与精密机床、光学仪器、制药工业和航空工业相关的专业进行人才培养。在人才培养的过程中，这两所学校不断扩建校舍，扩大招生规模，同时还与跨国企业合作，按照企业要求创建符合企业标准的实训车间，培养能够符合跨国企业要求的专业人才。

在与跨国企业开展合作的同时，两所理工学院还开始尝试从国外引进优秀师资。随着新加坡的独立，尤其是新加坡的"第一次工业革命"后，经济快速发展，国家经济实力明显提升，社会发展稳定，职业教育院校开始有条件在国际上招聘优秀师资。例如，义安技术学院在 1982 年更名为义安理工学院，开展专业的高等职业教育活动，并与当时的伦敦中心理工学院[①]（Polytechnic of Central London）建立了合作关系，伦敦中心理工学院派遣专门的管理人员与教师到义安理工学院开展工作，两校在一定的时期内还可以为学生共同颁发课程文凭。

在此时期，新加坡政府还积极与外国政府和机构开展合作，建立了多个职业教育的培训中心，例如与德国政府成立了德国-新加坡学院（German-Singapore Institute，GSI），与日本政府成立了日本-新加坡软件技术学院（Japan-Singapore Institute of Software Technology，JSIST），与法国政府成立了法国-新加坡学院（French-Singapore Institute，FSI），与印度塔塔集团建立了塔塔政府联合培训中心（TaTa-Government Training Center，TGTC），与荷兰飞利浦公司建立了飞利浦政府联合培训中心（Phillips-Government Training Center，PGTC）等[②]，这些培训机构都是依据合作国家或者机构的工业特色为新加坡的职业教育提供培训服务。

四、新加坡职业教育国际化的成熟期（1990—2019 年）

新加坡职业教育国际化成熟期的主要特点就是引领示范。20 世纪 90 年代，新加坡进入其"第三次工业革命"，其经济水平已经达到了发达国家的水平，逐渐成为"亚洲四小龙"的典型代表，其职业教育也得到了较

---

① 伦敦中心理工学院现已更名为威斯敏斯特大学（University of Westminster）。
② 胡英芹. 新加坡高等职业技术教育国际化进程与发展模式研究［M］. 成都：西南交通大学出版社，2021：44.

好的发展。进入 21 世纪后，新加坡的职业教育已经发展得较为完善，走向了成熟，开始向世界其他地区输出自己的职业教育理念，最具代表性的就是最早由南洋理工学院提出的"教学工厂"教学模式，对世界职业教育理念与模式产生了重要影响。

1991 年，新加坡发布了重要的国家经济战略规划（Strategic Economic Plan，SEP），提出要对新加坡的经济结构进行调整，发展出口工业与外贸投资，将新加坡打造为高科技制造业和国际化的商业中心。

随着新加坡"第三次工业革命"的到来，新兴产业逐渐出现并不断扩大，包括酒店管理、设计、信息技术、应用科学、物流和法学等专业领域的人才需求开始扩大。但是，新加坡理工学院和义安理工学院的专业设置与新兴产业差异较大，其已经成熟的学校体制也很难转型，同时，新加坡政府认为两所理工学院的传统专业已不足以承担整个新加坡职业教育的教育培训工作，因此需要再建立一所新式的理工学院，为一些专业领域培养急需人才。于是，1990 年以新加坡的古称命名成立了淡马锡理工学院。

淡马锡理工学院坚持采用基于问题的教学法开展职业教育教学活动，并在学校内建设了大量的基于企业真实生产、工作环境的仿真设备、设施，例如旅游业需要的酒店、餐厅、旅行社和商店等，还有新兴半导体行业等需要的生产车间等。淡马锡理工学院的这种职业教育模式很快获得了巨大的成功，毕业生通过学校的仿真设备可以锻炼自己的就业技能，相较于传统的实验室环境可以获得更加真实的体验感。此外，基于问题的教学法可以让学生在项目实施的过程中实现技能训练。此后，新加坡理工学院和义安理工学院也开始效仿淡马锡理工学院的这些做法，调整自己的专业设置，改善办学环境，为学生提供真实的企业环境开展实训工作。此时，新加坡的中等职业教育也开始快速发展起来，工艺教育学院在 1992 年正式成立，并在 2006 年和 2009 年组织了两次国际职业技术教育大会，目的是分享新加坡的职业教育模式，与世界职业教育界进行交流与合作。

进入 21 世纪后，外向型经济快速发展，各国都开始规划各自的发展战略，以应对国际化带来的挑战与机遇。新加坡作为一个人口较少的国家，人口规模已不具备国际竞争优势，因此，为了继续吸引高科技企业来新加坡开展业务，新加坡开始强调职业教育中人才培养的国际化问题，希望培养出能够适应经济发展的技术技能人才，以借助高素质的全球化人才为企业提供强大的人才支撑。

工艺教育学院与全球行业领先的企业开展了广泛的职业教育合作，例如劳斯莱斯公司、金沙酒店、欧莱雅公司、华为公司等，这些都是工艺教育学院在产教融合国际化方面的重要成果。工艺教育学院还派遣学生、教师到国外参加相关领域的职业教育活动与培训。此外，作为职业教育的引领者，新加坡开始向外输出自己的职业教育经验，工艺教育学院与泰国、越南、柬埔寨和印度等国开展合作，为这些国家提供职业培训活动，以提升其职业教育管理人员的领导力和教师的教学水平。新加坡的5所理工学院也在21世纪不断向世界扩大自己的职业教育影响力。理工学院将自己的发展放置在全球范围内，以最新的理念与教学模式引领职业教育的国际化发展。理工学院的学生中有非常大的比例可以赴境外参加交换交流和海外的实习项目，全面提升了国际竞争力。

五、新加坡职业教育国际化的转型期（2020年至今）

新加坡职业教育国际化转型期的最主要特点就是在地国际化（Internationalization at Home），即在本国国内实现国际化发展。"在地国际化"的概念于1999年由瑞典大学的副校长尼尔森首次提出，其主要内涵是学校利用现有的资源，为那些没有机会出国感受不同文化的学生提供在本国可以感知外国文化的机会，同时对学生的跨文化交际能力、国际视野和全球精神进行培养。可以说，这种国际化的策略非常具有创造性，可以利用极少的资源实现学生的国际化发展。但是，这种理念在当时影响的范围有限，只是作为一种概念在很小的范围内引起了重视。

2020年，突如其来的新型冠状病毒感染疫情极大地影响了世界各国的社会经济发展，世界各国纷纷控制人员的国际流动，这对国际化的发展产生了严重的影响。从传统意义上来看，没有人员的流动就无从谈及国际化，因为国际化的基础是人员，只有人员的国际交流与流动才能带来价值观念、思想文化的沟通与交流。在职业教育领域更是如此，新加坡很多学校关闭了学生出国交流学习的渠道，也断绝了国际学生前往新加坡学习的机会，同时新加坡国内的学生也面临学校停课、居家学习的情况。基于以上问题，在地国际化又被重新提及，人们开始思考在职业教育领域如何实现更加顺畅的交流与交往，其中最主要的一个方法就是开展线上课程。因此，一些企业、院校开发了自己的线上直播授课平台，例如 Mind Stretcher、Coco Education、Greatminds School 和 LingoAce 等。

在职业教育领域，新加坡的 5 所理工学院都开设了线上课程，特别是共和理工学院，在为本地学生授课的过程中使用了线上线下混合的教学方法。其中，一些理论类课程实行线上教学的方法相对简单，只需教师利用现代信息技术手段即可实现。新加坡的职业教育机构也为此开展了大规模的信息化资源建设项目，利用高新技术手段提高远程教学的效果。但是，职业教育还需要开展大量的实训实践项目，因而如何利用现代技术手段实现实践课程的在线教学就成了学校急需解决的问题。目前来看，解决这些问题的主要方法就是引入虚拟现实技术，借助现代技术手段实现学生无须进入校园就可以通过网络体验课程内容的目的，而这些课程的授课范围也可以扩大到境外，学生无须亲自前往国外就可以实现跨境的学习。

为了应对世界新的形势，新加坡 5 所理工学院在 2021 年开始以线上的形式举办校园开放日，通过线上视频、虚拟现实技术、仿真校园和模拟入学等方式面向全球进行宣传。其中，南洋理工学院举办的校园开放日活动，主要是通过即时视频交流软件与学生进行交流；淡马锡理工学院则是以《我的世界》（Minecraft）游戏为载体让学生在游戏环境中体验校园环境；义安理工学院与共和理工学院则打造了学校的虚拟平台，让学生通过虚拟现实感受真实的学校文化；新加坡理工学院采用现场直播、研讨活动和视频介绍等多种形式与学生进行交流。

目前，新加坡职业教育在地国际化还处于转型的阶段，很多技术设备与理念并不是很成熟，而且随着新型冠状病毒感染疫情影响削弱、消退，政府在这方面还没有明确的发展方向与策略，所以说，职业教育在地国际化发展在新加坡还处于探索转型的阶段。

第三节　新加坡职业教育国际化的战略行动

一、强调国际化过程中的区域国际化

（一）坚持立足东盟的国际化基础

东盟是东南亚国家联盟的简称，是一个国家联盟组织。东盟最初由新加坡、马来西亚、菲律宾、泰国与印度尼西亚于 1967 年在曼谷联合成立。作为一个区域性的组织，其目的是在全球化竞争过程中通过国家联合体的形式共同应对国际挑战，提高自己的国际话语权。

在地理位置上，新加坡被东盟其他国家所包围，在文化与历史传统上也与东盟其他国家有着诸多联系。新加坡的主体是华人，其周边的泰国、马来西亚、印度尼西亚和文莱等东盟国家中也都居住着大量的华人，而且华人数量远比新加坡更多，所以无论是从地理位置还是从种族传统的角度来看，新加坡的发展都离不开东盟。

东盟每个国家都有各自的历史传统与社会特征，新加坡作为该地区经济、教育最为发达的国家，为地区的和平稳定和对外关系贡献了巨大的力量。但与此同时，新加坡的综合国力较弱，虽然其科学技术相比其他东盟国家处于领先地位，但其较弱的综合实力也使得其外交具有脆弱性。在当今大国间的竞争中，新加坡只能依靠东盟来参与国际竞争、提高自己的话语权。同时，东盟作为当今世界重要的地区组织之一，是很多大国争夺的焦点，新加坡只有将自身置于组织内部，才可以在大国博弈中处于有利地位。

（二）高度重视与中国的关系

新加坡的华人是中国人的后裔，这种血脉上的联系是无论相隔多远都无法被隔断的。华人是新加坡社会的主体，有着吃苦耐劳、甘于奉献的优良品质，是新加坡社会快速发展的主要贡献者。保持与中国的良好关系也是新加坡在国际社会上发展的必要措施，因为中国在国际社会中的话语权不断提高，在参与国际合作与竞争特别是与东盟各国合作的过程中给新加坡带来了很多的机遇。在社会文化发展过程中，新加坡政府采用了中国的简体字与汉语拼音来代替传统的新加坡华文教育，这种措施进一步加深了两国的联系，或者说语言的一致性从最根本上确定了两国关系的重要性。

在职业教育领域，新加坡不断加强与中国的合作与交流。例如，南洋理工学院在官方网站中使用中文对该校的框架结构、院系设置进行了介绍，方便中国学生的申请，还与中国的职业院校共同建立了研学基地，鼓励学生到中国开展研学活动；义安理工学院则专门开设了"中国研究"课程来帮助学生更加深入地了解中国；新加坡政府还与中国签署了中职教师见习合作培训协议，每年邀请来自中国的职业教育教师赴新加坡开展实习培训工作，同时也选派一定数量的新加坡教师到中国开展合作交流活动。

（三）重视保持与马来西亚的稳定关系

新加坡自然资源的匮乏使得其必须依赖周围邻国的支持，因此，新加坡一直非常重视与马来西亚关系的稳定发展，马来西亚被新加坡认为是国际化发展的重要腹地。

马来西亚是东盟地区的大国，有着丰富的自然资源，加之新加坡国内的马来人与马来西亚的马来裔同文同种，有着紧密的联系，这就使得新加坡对待两国关系更为谨慎。新加坡的国歌是用马来语书写的，且必须用马来语演唱，由此可以看出，新加坡独立建国初期在国家发展方向上有着一定的考量。即使是在新加坡经济快速发展、人民生活水平整体超越马来西亚之后，新加坡依然将马来西亚视作重要的合作伙伴。新加坡政府鼓励企业到马来西亚投资设厂，加强与马来西亚在经济领域的合作，同时还为马来西亚人提供了很多的工作岗位，鼓励国内企业为马来西亚的劳工提供更多生活上的帮助，促进两国关系的和谐发展。

在与马来西亚之间出现一些矛盾的时候，新加坡也往往坚持低调处理的原则，避免事态的扩大化。例如，2011年新加坡与马来西亚柔佛州的一个供水协议到期后出现的一些过激事件，相较于马来西亚方面强硬的态度，新加坡一直坚持谈判的策略，并依据法理进行高级别的谈判工作，目的是保持与邻国的友好关系。此外，作为一个城市型的国家，新加坡的农业基础非常薄弱，在农产品、食品和水资源方面需要依靠外部国家，因此，新加坡对外关系中需要保持与马来西亚的关系稳定。

二、坚持面向国际市场的职业教育培训

（一）参与国际机构援助的培训活动

在新加坡独立建国的初期，其经济发展的重点是对外国际贸易和跨国企业的引入，这就意味着必须有相应技能水平的人才为企业生产提供足够的支撑。当时新加坡在国际上属于较为落后的国家，经济基础薄弱，职业教育发展落后，新加坡政府就借助国际组织和跨国企业的力量来弥补国内职业教育培训工作的不足。例如在联合国开发计划署（United Nations Development Programme，UNDP）的支持下，日本、英国和法国等国家的技术援助专家在新加坡成立了机电、制造等行业的培训中心，为新加坡培养了很多合格的产业工人。

在这种培训模式下，新加坡政府积极主导国际援助项目的商议事宜，对职业教育的培训工作起到了直接领导作用。新加坡政府在关注国家经济发展的过程中，并没有一味地追求经济规模的扩张，而是将经济发展的人力资源作为其中的一个重要方面进行了深入的分析。例如，企业在最初的发展过程中对于管理型人才的需求相对更大，新加坡政府就先解决管理人才培养问题，而后才开始解决一线产业工人的培训问题。新加坡政府对人才的培训工作，为在新加坡投资设厂的跨国企业提供了信心，而合格的高素质产业工人也有利于跨国企业提高生产效率。

（二）借鉴跨国企业的内部培训制度

在新加坡政府举办多种形式的职业教育培训活动的过程中，来新加坡投资的跨国企业对于人才的需求非常迫切，一些跨国企业在新加坡政府的

支持下积极开展企业内部的培训。这些培训都具有国际化特征，因为这些培训绝大部分都是按照国际化企业的标准开展的。在具体的实施过程中，新加坡政府会补贴一定的资金或者提供专门的场所，以促进跨国企业负责运营企业内部的培训中心。

对于跨国企业来说，这种培训更加符合其对专业人才的要求，因为他们会完全按照各自企业的特点、文化和未来发展的要求开展培训，与企业的技能要求匹配度更高。培训最后的结果也确实证明，这种培训不仅为企业扩大了生产且带来了优质的专业人才，还为新加坡的后续培训工作奠定了基础。跨国企业的先进培训理念与方法，通过员工培训工作帮助新加坡形成了具有国际化特征的培训文化环境，促使新加坡未来的职业培训工作更容易与国际接轨。

（三）转岗就业人员的国际化培训

除了在产业领域的国际组织培训与跨国企业培训之外，还有围绕英国军事基地员工与服务人员的培训。在英国军事基地撤离之前，新加坡的本地居民主要是通过民间的口口相传或者学徒制形式来完成基地的服务工作。随着英国裁撤军事基地，大批为基地服务的人员面临失业，为此，新加坡政府积极为这些人员提供培训机会。最初主要是在一些政府征用的空闲教室或者其他的场所进行临时的培训，后来随着新加坡经济的发展，职业教育规模的扩大，这种培训工作逐步由工艺教育学院、理工学院负责，并根据国际化技能要求，采取与企业合作、文凭授予、技能资格指导等方式提供转岗培训服务。

同时，随着新加坡的几次工业革命，很多产业逐渐消亡，由此带来再就业的需求，而对这部分人的转岗就业培训就是政府需要再次考虑的问题。对于再就业人员的转岗技能培训，新加坡政府是按照国际化发展的要求进行的，因为再就业人员的未来就业方向就是跨国企业，他们必须满足跨国企业所需的技能要求，才可能在转岗培训之后获得一份满意的工作。

三、实施国际化的职业教育办学理念

在职业教育领域的国际化战略行动中，新加坡职业教育机构的人才培养工作是主体，全日制人才培养的国际化是职业教育国际化的重要标准。因此，新加坡在职业院校的国际化方面也实施了诸多的行动。

（一）国际化合作办学实现办学主体国际化

在新加坡的殖民地时期，办学主体主要是殖民地政府与民间团体，一般都是独自开展职业教育活动的。新加坡独立建国初期，职业教育主要由国家负责，一些民间团体也会兴办学校，但是依然是单独的主体。而随着新加坡经济的快速发展，新加坡政府在职业教育领域开始引入国际化资源开展合作办学培养人才。

进入 20 世纪 70 年代以后，新加坡为了推动人才培养质量的提升，开始在理工学院的办学上引入国际院校与企业机构共同办学。例如义安理工学院与英国大学合作，开展在电子、商务和工程等领域的人才培养工作，并共同为学生颁发学历文凭。在这个过程中，义安理工学院还调整了学校的课程设置，以满足英国大学对课程的需求。这种院校合作办学的探索有利于新加坡的职业教育遵循国际标准，培养国际化的职业教育人才。

1982 年，新加坡与日本合作成立的日本–新加坡软件技术学院，主要是为新加坡培养计算机软件技术人员，两国政府作为共同的主体签署了相关协议，由日本提供技术与教学人员，新加坡提供场所和主要设备。在师资方面，除了来自日本专业领域的企业教师之外，日本还负责培训新加坡的本土教师，这些本土教师从日本学成归国后将继续担任教学人员。后来，日本还为这所学校赠送了相关的设备，以提高教学水平。1987 年，该学院并入新加坡理工学院，继续以国际合作的方式推动新加坡计算机软件产业的发展。

南洋理工学院还与瑞士合作建立了瑞士联邦职业教育与培训学院（The Swiss Federal Institute of Vocational Education and Training，SFIVET），主要为新加坡的职业教育教学与培训工作提供技术与质量监督，同时还作为维系新加坡与瑞士职业教育机构的重要协调中心。南洋理工学院在该机构的支持下，利用瑞士的先进理念与技术开展职业教育教学活动。

（二）师资国际化

在教育教学领域，师资的水平直接决定了人才培养的质量。在国际化发展的过程中，新加坡一直非常重视师资队伍的国际化发展。

在教师聘任方面，新加坡各职业院校的教师团队中都会有一定比例的外籍教师，旨在增强学生的文化适应力，让学生在课程学习过程中切身感受来自不同文化背景的教师的教学风格，有机会适应国际化教学模式。同时，外籍教师可以为新加坡本土教师带来国际前沿的教育理念与方法，拓展职业院校教师的教学思路，还可以锻炼本土教师开展国际交流与合作的能力。除了直接招聘境外合格的教师外，新加坡的职业院校还会在本国招聘一些跨国企业中具有一定教学能力的企业员工，这些师资具有很强的实践教学能力，可以为学校的实训与实践课程教学带来国际化的理念。另外，新加坡的职业院校还会招聘一些兼职教师，主要面向的是跨国企业员工，邀请他们在学校开展实训工作的教学。综上，新加坡各职业院校引进了大量具有国际化水平的教师，使学校在国际化发展的道路上具备了最为基本的国际化师资队伍，这是新加坡在师资国际化方面采取的引进来的策略。

除了教师引进来，新加坡还实施了走出去的策略，也就是派遣自己的教师赴境外或者国际机构开展交流合作与学习活动，提升教师的国际视野与国际化水平。例如，淡马锡理工学院在2018年派出了70多位教职员工赴境外学习交流；新加坡理工学院则是为新入职教师的培训提供了国际化培训项目，并为一些新兴产业领域的新入职教师提供了到国外进行专业知识学习的机会。还有就是学校参加的一些国际竞赛项目，也会要求教师带领学生进行相关的国际化训练、参赛，在这个过程中也可以培养教师的国际化能力。

（三）国际化能力纳入学生核心素养体系

学生的国际化是职业院校国际化的重要组成部分。新加坡各个职业院校都围绕学生的核心素养开展了各种形式的国际化合作项目，通过多种国际化的合作项目不断提升学生素养水平。

淡马锡理工学院实施了学生海外实习项目（Overseas Student Internship Program，OSIP），这个项目要求学校与国外的企业合作，共同负责学生的核心素养培养，学生参与该项目时要有不少于 1 个月的海外实习经历，以不断拓展自己的国际视野与全球思维。该项目获得了不少学生的青睐，例如 2018 年，参与该项目到海外实习的学生就有 300 名，其中有超过 20％ 的学生前往了中国。除了固定的项目之外，该校还会通过短期游学的形式丰富学生的实习经历。例如，2015 年有 32 名学习海运物流运营专业的学生前往日本进行了为期一周的企业实践活动，他们深入日本企业实地观摩学习了日本港口的运营。此外，还有一类项目就是交换项目，该校建立了与美国、澳大利亚、英国和德国等国家的交换项目，定期让学生参加交换交流。同时，该校还面向东盟其他国家提供了一些优惠的政策，以促进东盟内部的交流与交往，例如与柬埔寨金边皇家大学、越南河内科技大学和缅甸仰光经济大学开展合作，互派学生，增进了解。此外，学校所属的淡马锡基金会还支持印度尼西亚相关学院的旅游管理专业的学生到新加坡体验真实的工作。

共和理工学院为了培养学生的国际化核心素养，同样开设了广泛的国际交流与合作项目，并为学生提供了海外交流基金——海外实习基金（Overseas Internship Fund，OIF），以帮助那些没有足够经费开展海外实习的学生，这种基金向所有学生开放。学校还实施了沉浸式实习项目计划，就是与海外的企业开展合作，由企业提供一定的场所与空间给共和理工学院的学生，学生到企业进行沉浸式的实习。例如，该校艺术相关专业的学生有为期 15 周的赴美国专业设计公司的沉浸式实习，学生在那里可以参与游戏设计、程序开发等真实工作过程；海洋相关专业的学生有可以到中国厦门学习水产养殖的沉浸式项目；酒店管理相关专业的学生有可以到马尔代夫的酒店实习的项目，学习酒店管理的实际操作，体验文化环境。该校还希望通过各种形式的游学提升学生全面的国际化能力，让学生在境外生活与学习过程中感受异域文化的特征，所以该校提出了 5 种学生海外游学的类型，见表 7.1。

表 7.1　共和理工学院学生海外游学的类型

序号	游学类型	游学内容
1	学生海外旅行	学生到海外的企业访问，感受海外企业的文化
2	沉浸式实习项目	学生到海外参加跨国企业的实习工作，实现专业技能的提升
3	国际服务学习项目	学生在国际服务项目中分享自己的专业知识与技能，提升跨文化交际能力
4	兴趣小组旅行	学生组建兴趣小组，与跨国企业、教师或者学生进行交流研讨，拓展专业知识
5	参加国际竞赛	学生作为学校代表参加国际比赛，展示专业技能

新加坡理工学院的学生主要参与新加坡同东盟其他国家开展的交流与互动，各国互相派遣学生参与对方的学习与实践课程，时间一般为一个月。这种互动增加了东盟成员国之间的认同感，强化了区域一体化发展理念，增强了东盟成员国之间的互信。该校还有一些海外援助项目，主要也是面向东盟成员国的，这种项目一般在 2 周左右，学生到东盟成员国开展英语教学等各种志愿服务工作，借此机会感受各国的发展状况。

第四节　新加坡职业教育国际化的特点

一、职业教育国际化进程紧跟国家产业发展需求

新加坡职业教育国际化的发展归根到底还是为了人才的培养，而人才为谁培养、培养的结果如何，这是显而易见的，一定是要服务新加坡产业

发展需求的。新加坡国际化人才培养并不是要为世界培养人才，而是要培养具有全球工作能力的、服务新加坡国家经济发展的高技能人才。

新加坡独立建国初期，高失业率、高出生率带来了严重的社会问题。当时的新加坡几乎没有农业产业，更没有成规模的国际化水平的工业企业，政府为了吸引外资，出台了一系列极为优惠的政策发展本国的工业产业。这时候新加坡的职业教育就按照国家初级工业产业的发展需要，开始培养大量的技术工人。后来新加坡的产业向高技术领域转型，职业教育与跨国企业、国际机构合作开展高级技术人员培养。一直到今天，新加坡已经发展为重要的国际金融中心与高科技中心，新加坡的职业教育，尤其是5所理工学院的专业设置与新加坡的产业结构紧密相连，培养了众多的高技能人才。

国内产业的更新迭代，跨国企业的不断涌进，都需要新加坡能够一直保持自己的优势地位。但是新加坡是没有自然资源优势的，自然资源也不可能凭空开发出来，而人力资源则不然，因此新加坡政府始终坚持以人力资源服务社会产业，满足国际化发展的需求，从而保持了社会发展的优势地位。

二、跨国企业的积极参与促进职业教育国际化

新加坡职业教育国际化是离不开跨国企业支持的。在经济全球化快速发展的过程中，跨国企业是重要的载体和平台，是推动全球化的主体动力。现代社会中，企业倘若拥有前沿的技术与设备，掌握了先进的管理经验与员工培训经验，就有能力推动国家和社会的有序发展，所以，企业在国际化发展过程中的力量是不可估量的。新加坡的经济发展与大量在新加坡的跨国企业的发展相伴而生，新加坡的职业教育认识到了跨国企业的优势，强调要与跨国企业进行合作。一些行业领先跨国企业为新加坡带来就业的同时，还带来了新的技术与培训理念，表7.2是在新加坡的主要跨国企业。①

---

① 胡英芹. 新加坡高等职业技术教育国际化进程与发展模式研究［M］. 成都：西南交通大学出版社，2021：167.

表 7.2　新加坡主要跨国企业

序号	跨国企业名称	总部所在国	主要从事的业务
1	博世（Bosch）	德国	汽车技术行业、工业和建筑技术以及消费品行业
2	拜耳股份公司（Bayer AG）	德国	药品和化学品业务
3	敦豪（Deutsche Post DHL）	德国	快递服务
4	法国工商信贷银行（CIC）	法国	金融服务
5	阿特维斯（Actavis）	美国	生物制药
6	乐天株式会社（Rakuten）	日本	电子商务
7	索尼（Sony）	日本	消费电子、游戏、娱乐和金融服务
8	松下（Panasonic）	日本	电子产品
9	普利司通（Bridgestone）	日本	汽车和轮胎制造
10	飞利浦（Philips）	荷兰	消费电子、医疗保健和照明
11	联合利华（Unilever）	英国	消费品产业
12	爱客云（Xero）	新西兰	面向中小企业基于云的会计软件
13	罗氏（Roche）	瑞士	高端软件和安全工程
14	诺华（Novartis）	瑞士	生物制药
15	微软和苹果公司（Microsoft & Apple）	美国	消费电子、计算机软件和服务
16	谷歌（Google）	美国	互联网相关服务
17	辉瑞（Pfizer）	美国	生物制药

　　当前，跨国企业往往是先进技术的代表者和传播者，其技术的革新与变化代表全球经济发展的方向，利用跨国企业的资本、人员与技术来指导

学校的专业、课程有助于学校快速提升办学水平。因此，新加坡与跨国企业开展校企合作，让跨国企业直接参与人力资源的开发工作，这种方式促进了新加坡职业教育的培训与管理水平的提升，也加快了产业的升级与结构优化。这种校企合作的形式除了前文提及的创办培训中心之外，还可以由跨国企业提出人才需求的分析建议，职业院校根据建议及时调整专业设置与课程安排，以达到与企业建议相符的教育条件与环境。总之，新加坡借助跨国企业实行职业教育的培训工作形成了自己职业教育的特点。

三、坚持东西方文化融合的国际化策略

国际化不是西方化，也不是东方化，国际化是一种应对全球化挑战的发展道路。新加坡国际化的道路就坚持文化融合的策略。曾经长期被英国殖民统治的新加坡，在社会的各个领域难免仍残留有英国文化的影子，而以华人为主体的国度也不可能舍弃中华文明的根基，这种历史的渊源就为新加坡的文化融合打下了基础。而且，多个种族并存、语言形式多样、宗教文化复杂、饮食风格迥异等都是新加坡社会内部真实的写照。社会多样性使得种族之间相互渗透，也为文化融合提供了条件与土壤。

作为移民国家的新加坡为了保证各种族的平等，促进国家认同，使用了英语作为通用语言，在职业教育教学过程中强调了英语的基础地位，为各个种族的学生提供了统一的交流语言，有利于消除彼此之间的误解与障碍。使用英语也是由殖民统治历史所决定的，但是这并不意味着新加坡放弃了民族语言的学习与使用，其反而认为民族语言是国际的一部分。因此，新加坡在强调英语的同时提出了华文学习运动，采用了简体字与汉语拼音，拉近了新加坡华人与中国的距离。职业教育领域的国际化合作既强调与西方发达国家的交流与合作，还立足东盟，加强对东盟成员国职业教育的援助，同时还坚持扩大与中国的交流。可见，在国际化的道路上，新加坡根据国情与世界发展的形势，坚持东方与西方文化相融合的特色发展道路，成为当今世界职业教育国际化发展的引领者。

参考文献

一、中文文献

（一）著作类

［1］曹惠容. 新加坡教育投资政策研究［M］. 北京：中国社会科学出版社，2012.

［2］丁瑞常，康云菲. 新加坡教育制度与政策研究［M］. 北京：人民出版社，2020.

［3］胡英芹. 新加坡高等职业技术教育国际化进程与发展模式研究［M］. 成都：西南交通大学出版社，2021.

［4］华拉保绍. 新加坡职业技术教育五十年［M］. 卿中全，译. 北京：商务印书馆，2018.

［5］杰克·基廷，等. 变革的影响［M］. 杨蕊竹，译. 北京：首都经济贸易大学出版社，2017.

［6］赖新元. 新加坡中小学教育特色与借鉴［M］. 北京：中国戏剧出版社，2009.

［7］李大光，刘力南，曹青阳. 今日新加坡教育［M］. 广州：广东教育出版社. 1996.

［8］梁秉赋. 新加坡华文教育研究［M］. 北京：北京语言大学出版社，2019.

［9］刘捷，罗琴. 越南文化教育研究［M］. 北京：外语教学与研究出版社，2023.

［10］卢艳兰. 新加坡高等院校人文素质教育研究［M］. 北京：人民出版社，2012.

［11］马东影，卓泽林. 新加坡教育研究［M］. 南宁：广西教育出版社，2023.

［12］檀慧玲，等. 新加坡文化教育研究［M］. 北京：外语教学与研究出版社，2022.

［13］汪瀛，姜野军. 新加坡教育观感［M］. 北京：光明日报出版社，2010.

［14］王大龙，曹克理. 当今新加坡教育概览［M］. 郑州：河南教育出版社，1994.

［15］王丹，等. 马来西亚文化教育研究［M］. 北京：外语教学与研究出版社，2023.

［16］王名扬，汉迪·尤尼亚多. 印度尼西亚文化教育研究［M］. 北京：外语教学与研究出版社，2023.

［17］王喜娟. 新加坡、菲律宾、文莱高等教育政策法规［M］. 桂林：广西师范大学出版社，2013.

［18］王喜娟. 新加坡、马来西亚高等教育改革与发展［M］. 桂林：广西师范大学出版社，2017.

［19］王学风. 新加坡基础教育［M］. 广州：广东教育出版社，2003.

［20］杨素萍. 中国—新加坡性教育比较研究［M］. 北京：北京理工大学出版社，2021.

［21］姚寿广，经贵宝. 新加坡高等职业教育：以南洋理工学院为例［M］. 北京：高等教育出版社，2009.

［22］周健. 走向核心素养的新加坡教育：新加坡学校和课堂观察［M］. 福州：福建教育出版社，2020.

［23］周进. 新加坡双语教育政策发展研究［M］. 北京：社会科学文献出版社，2015.

（二）期刊论文类

［1］安宁. 新加坡职业教育校企合作的特色及启示［J］. 教育与职业，2013（7）：100-101.

［2］卜晓苑. 新加坡职业教育发展对我国骨干高职院校建设之启

示［J］. 职业教育研究，2012（1）：174-176.

［3］戴家毅. 新加坡华文教育政策变迁研究［J］. 民族教育研究，
2022，33（2）：169-176.

［4］段丽华. 新加坡高等职业教育创新发展路径及启示——以南洋理
工学院为例［J］. 职业技术教育，2017，38（33）：67-71.

［5］冯帆. 行业企业参与职业教育的国际经验借鉴与启示——以新
加坡"教学工厂"人才培养模式为例［J］. 继续教育研究，2014
（9）：136-140.

［6］傅雷鸣，陈一飞，於海明. 新加坡高等职业技术教育经验及特
色［J］. 继续教育研究，2022（9）：79-83.

［7］郭凌雁，曾青云. 新加坡职业教育发展的文化思考［J］. 成人教
育，2017（2）：84-87.

［8］胡育辉. 新加坡职业教育双轨制教学的特点及启迪——以南洋理
工学院为例［J］. 现代教育管理，2011（7）：121-123.

［9］黄鹄. 新加坡教学工厂对高职院校专业建设的启示［J］. 教育现
代化，2019（63）：165-167.

［10］简祖平. 向新加坡"教学工厂"学什么——从教学工厂的概念谈
起［J］. 中国职业技术教育，2010（19）：34-36.

［11］蒋家宁，孙长坪. 新加坡"教学工厂"与我国"工学结合"教
学模式的比较研究［J］. 职教论坛，2012（33）：94-96.

［12］康高磊，齐彦磊. 新加坡中小学生命教育探析及启示［J］. 中
国教育学刊，2018（12）：34-37.

［13］李宏俭. 中国与新加坡职业教育师资培养之比较——新加坡
NYP 师资培养成功经验启示［J］. 职业教育研究，2012（12）：
59-60.

［14］李俊婷. 新加坡职业教育的发展及其启示［J］. 中国成人教育，
2010（13）：120-121.

［15］李盛兵. 新加坡教师教育：模式的变革与创新［J］. 华南师范
大学学报（社会科学版），2022（3）：88-98+206-207.

［16］李庶泉. 新加坡职业教育：精英政策的悖论与超越［J］. 当代

教育与文化, 2017, 9（5）: 13-17.

[17] 李晓杰. 新加坡职业教育发展理念演进论析 [J]. 职教论坛, 2013（31）: 85-88.

[18] 林植平, 倪瑛. 新加坡职业教育特色及成功原因探讨 [J]. 成人教育, 2012（2）: 123-124.

[19] 刘红委. 新加坡职业教育教师绩效评价的特点与意义 [J]. 继续教育研究, 2011（5）: 155-157.

[20] 刘梦今. 新加坡教育信托认证的制度设计对中外合作办学评估的启示 [J]. 中国高教研究, 2016（12）: 79-82.

[21] 刘训华, 周洪宇. 新加坡教育治理体系探析 [J]. 比较教育研究, 2016（10）: 20-26.

[22] 罗丹. 产业升级与职业教育发展: 新加坡的经验研究 [J]. 现代教育论丛, 2015（1）: 58-62.

[23] 罗丹. 由"适应"到"引领"——职业教育应对产业转型升级的新加坡模式研究 [J]. 职教论坛, 2015（6）: 92-96.

[24] 罗丹. 职业教育如何应对"中等收入陷阱"——新加坡的经验与启示 [J]. 中国高教研究, 2015（1）: 87-91.

[25] 马福运, 高静毅. 特色与经验: 中国学者视野中的新加坡教育发展 [J]. 教育评论, 2016（3）: 34-38.

[26] 马君. 新加坡职业教育改革与发展探析——以工艺教育学院为例 [J]. 中国职业技术教育, 2009（30）: 44-48.

[27] 孟国强, 张胜宾. 新加坡南洋理工学院"教学工厂"模式下的教学实施分析 [J]. 职业教育研究, 2012（7）: 177-178.

[28] 牛红军, 王立晖, 孙昊, 孙波. 新加坡职业教育发展现状及对我国的启示 [J]. 教育评论, 2014（4）: 162-164.

[29] 卿中全. 新加坡职业教育发展述评: 探索、改革与经验 [J]. 高等工程教育研究, 2018（2）: 195-200.

[30] 任睿文, 徐涵. 高等职业教育国际化策略: 新加坡的经验与启示 [J]. 成人教育, 2022（2）: 88-93.

[31] 任睿文, 徐涵. 新加坡职业教育体系: 嬗变、特点及启示 [J].

职教通讯，2022（3）：88-96.

［32］任睿文，徐涵. 以新加坡为例谈职业教育高质量发展的路径选择［J］. 教育与职业，2022（12）：66-72.

［33］施雨丹，应碧徽. 学生福祉视角下新加坡中小学课后服务研究［J］. 比较教育学报，2023（2）：116-130.

［34］宋丽霞. 新加坡职业教育对我国教师科研能力培养的启示［J］. 中国成人教育，2011（5）：109-111.

［35］唐雯雯，曾庆毅. 新加坡职业教育的发展特点及经验借鉴［J］. 职业教育研究，2012（8）：177-178.

［36］唐夏夏，闫志明，袁杰，付加留. 新加坡教育信息化新战略述评——以 Master Plan 4 为蓝本［J］. 现代教育技术，2016，26（11）：27-32.

［37］汪长明. 新加坡职业教育成功因素分析［J］. 当代职业教育，2011（2）：93-95.

［38］王敏. 新加坡南洋理工学院"教学工厂"理念下的"双轨系统"教学模式［J］. 教育教学论坛，2014（1）：165-166.

［39］韦小良. "以学生为中心"视域下的新加坡职业教育探析［J］. 教育与职业，2021（12）：88-92.

［40］魏小琴，姜东. 新加坡职业教育教学理念在我国中职专业群建设中的应用［J］. 职业技术教育，2017，38（23）：77-79.

［41］吴芳，郝理想，吴芒. 以需求促发展，以技能赢未来：新加坡职业教育与培训的历程、架构与特征［J］. 成人教育，2022（9）：79-87.

［42］吴雪萍，裴文洁. 聚焦质量：英国职业教育督导的演变、特点与价值取向［J］. 比较教育研究，2023（1）：63-72.

［43］夏惠贤. 教育公平视野下的新加坡教育分流制度研究［J］. 上海师范大学学报（哲学社会科学版），2018，47（5）：98-107.

［44］徐秀维. 解读新加坡"教学工厂"模式与我国"工学结合"模式［J］. 中国成人教育，2010（4）：17-18.

［45］杨绪光. 新加坡职业教育对我国高职旅游管理专业建设的启

示［J］. 教育与职业，2013（9）：104–105.

［46］张华. 新加坡"儒家伦理"课程中的国家认同教育［J］. 思想政治课教学，2021（3）：76–80.

［47］张倩. 商科高等职业教育"教践研"一体化的思考——新加坡南洋理工学院"教学工厂"理念借鉴［J］. 教育理论与实践，2013，33（9）：24–26.

［48］张晓琳，等. STEM 导向下的新加坡职业教育模式研究［J］. 中国教育信息化，2023，29（6）：46–56.

［49］张珣，李运顺，李国勇. 新加坡南洋理工学院"教学工厂"产教融合模式的经验及启示［J］. 职业技术教育，2021，42（11）：76–80.

［50］周辉，张成. 新加坡"教学工厂"校企合作模式的研究与实践［J］. 教育现代化，2017（7）：113–114.

［51］高茹. 新加坡儒家伦理教育研究［D］. 长春：东北师范大学，2006.

［52］胡霜. 新加坡中小学品格与公民教育课程标准分析及启示［D］. 武汉：华中师范大学，2022.

［53］李晓丹. 新加坡学前华文课堂教学活动设计探析［D］. 泉州：华侨大学，2020.

［54］申晓颖. 新加坡中小学价值观教育方法借鉴研究［D］. 长春：吉林大学，2022.

［55］阳宇茜. 中国与新加坡初中数学教科书例题设计的比较研究［D］. 长沙：湖南师范大学，2019.

二、外文文献

［1］Bin Bai, Paryono. Vocational Education and Training in ASEAN Member States［M］. Singapore: Springer Nature Singapore Pte Ltd, 2019.

［2］Clara Ang, Elaine Lynn-Ee Ho. Feeling schools, affective nation: The emotional geographies of education in Singapore, slippages as tactical manoeuvres [J]. Emotion, Space and Society, 2019(32).

[3] Daphnee Hui Lin Lee, Helen Hong, Hannele Niemi. A Contextualized Account of Holistic Education in Finland and Singapore: Implications on Singapore Educational Context [J]. The Asia-Pacific Education Researcher, 2014, 23(4).

[4] Hsi Timothy, Boman Peter. The Development of Professional Identity among Counsellors in Tertiary Educational Institutions in Singapore [J]. Counselling & amp; Psychotherapy Review Singapore, 2023, 1(1).

[5] Lim. Singaporean educarers' reflections about their role and practices in the education and care of infants [J]. Journal of Early Childhood Teacher Education, 2019, 40(2).

[6] Rebecca Lurie Starr, Mie Hiramoto. Inclusion, exclusion, and racial identity in Singapore's language education system [J]. International Journal of Applied Linguistics, 2019, 29(3).

[7] Seilhamer Mark Fifer, Kwek Geraldine. Repositioning Singlish in Singapore's language-in-education policies [J]. Asia Pacific Journal of Education, 2021, 41(4).

[8] Zoe Suan Loy Boon. Coaching: an approach for leadership development in the Singapore education system [J]. International Journal of Mentoring and Coaching in Education, 2021, 11(1).